Asiem El Difraoui

Ein neues Ägypten?

Reise durch ein Land im Aufruhr

Einige Personennamen wurden auf Wunsch geändert. Bei Eigennamen wurde der Schreibweise der jeweiligen Protagonisten gefolgt. Für arabische Begriffe wurde die vereinfachte Umschrift verwendet.

Bibliografische Information der Deutschen Nationalbibliothek

Die Deutsche Nationalbibliothek verzeichnet diese Publikation in der Deutschen Nationalbibliografie; detaillierte bibliografische Daten sind im Internet unter http://dnb.d-nb.de abrufbar.

© edition Körber-Stiftung, Hamburg 2013

Umschlag: Groothuis. www.groothuis.de
Coverfoto: Muzi Ainhua Press/Corbis
Zeichnungen: Ahmed Mansour/ahmedmansour.carbonmade.com
Landkarte: Dr. Hans-Joachim Kämmer/kartographie-kaemmer.de
Herstellung: Das Herstellungsbüro, Hamburg|
buch-herstellungsbuero.de
Druck und Bindung: CPI – Clausen & Bosse, Leck
Printed in Germany

ISBN 978-3-89684-152-0

www.edition-koerber-stiftung.de

*All jenen Ägyptern unterschiedlichster politischer Couleur,
die sich trotz aller Widrigkeiten gewaltlos und uneigennützig
für ein wirklich neues Ägypten engagieren. Den Frauen und
Männern, die in diesem Buch vorkommen, aber vor allem auch
all jenen, die wir nicht kennen. Den Menschen im ganzen Land,
die weiterhin an der Umsetzung einer der Hauptforderungen
der Revolution des Jahres 2011 arbeiten: »Brot, Freiheit und
soziale Gerechtigkeit«.*

Inhalt

Statt eines Vorworts

Um Mitternacht herrscht Totenstille, zumindest für Kairoer Verhältnisse, eine Stadt, die niemals schläft, in der viele Geschäfte die ganze Nacht geöffnet sind und auf deren vollen Straßen selbst in den frühen Morgenstunden ununterbrochen Hupkonzerte erklingen. Zumindest ist im Herbst 2013, wenn man nach der Ausgangssperre mit Sondergenehmigung vom Flughafen in das Zentrum der Metropole am Nil fährt, klar, wer die wirklichen Machthaber Ägyptens sind.

Auch dem ortskundigsten und geschicktesten Taxifahrer ist es unmöglich, die Dutzenden von Straßensperren der Militärs zu umgehen: überall Stacheldraht, dahinter sandfarbene Panzer und Soldaten in ebenso sandfarbenen Kampfuniformen. Die Straßenlaternen über den Kontrollpunkten sind ausgeschaltet, damit die jungen Soldaten, die die wenigen Fahrer kontrollieren, die sich nach Mitternacht noch auf die Straße wagen, nicht zu Zielscheiben extremistischer Islamisten werden. Trotz freundlichen Tons der Militärs, die die Ausweispapiere prüfen und die Fahrzeuge durchsuchen, herrscht eine gespenstische Atmosphäre.

Tagsüber ist dieser Spuk vorbei – die Armee hat sich in ihre

Kasernen oder die staatlichen Gebäude zurückgezogen. Dafür wird der Schriftzug »Ägyptens Kampf gegen den Terror« im Staatsfernsehen und in den weltlich gesinnten Privatsendern ununterbrochen eingeblendet – die Sender der Muslimbruderschaft wurden verboten. Gemeint ist damit der Kampf gegen die zumeist nicht gewalttätigen Muslimbrüder, aber natürlich auch gegen wesentlich extremistischere Islamisten. Etwa gegen eine dschihadistische Gruppierung, die sich zu dem Anschlag mit drei Fahrzeugbomben auf den Innenminister Mohammed Ibrahim am 5. September 2013 bekannte.

Die Ereignisse in Ägypten überschlagen sich seit Beginn meiner Recherchen und Reisen für dieses Buch. Am 30. Juni 2013 wurde der erste gewählte Präsident Ägyptens, der Muslimbruder Mohammed Mursi, von einer Interessenkoalition, die vermutlich die große Mehrheit der Ägypter repräsentiert, gestürzt.

Sie bestand aus jungen Aktivisten, Politikern aller Parteien, darunter auch Anhänger des alten Mubarakregimes, und vor allem natürlich den Militärs. Der selbst immer diktatorischer gewordene ehemalige Staatschef wird weiterhin an einem geheimen Ort festgehalten. Fast die gesamte Führung der Muslimbrüder sitzt hinter Gittern. Der größte Protest der Ägypter, die sich für die Rückkehr des »legitimen Präsidenten« starkmachten, ein Sit-in vor der Rabaa al-Adawiya-Moschee im Kairoer Vorort Nasr City, wurde gewaltsam aufgelöst. Die schreckliche Bilanz: 600 bis 1000 Tote, darunter zahlreiche Sicherheitskräfte, aber vor allem Demonstranten – offizielle Zahlen gibt es nicht –, in jedem Fall ein trauriger Rekord. So viele Menschenleben hat in Ägypten noch nie ein Protest gefordert.

Wenn dieses Buch erscheint, ist das Land am Nil vielleicht auf dem Weg zu einem zweiten schwierigen, demokratischen Neuanfang. Dies zumindest haben das Militär und die neue Übergangsregierung versprochen. Vielleicht wird Ägypten auch wieder zu einer Militärdiktatur, oder es befindet sich womöglich mitten in einem Bürgerkrieg. Im gesamten Land herrscht im Moment eine »as-Sisi-Mania«. Poster des regierenden Generalstabschefs und Verteidigungsministers Abd al-Fattah as-Sisi mit Aufschriften wie »Sisi, unser Retter« sind in Kairo überall zu sehen. Würde der General heute für das Präsidentenamt kandidieren, ihm wäre wohl ein überwältigender Sieg sicher. Doch er hat nicht nur Anhänger. Nicht selten wurden über die Poster des Generals Graffiti mit den Texten wie »Sisi, du Mörder« gesprüht. Leider bleibt es nicht bei dieser Propagandaschlacht: Fast täglich sterben Menschen bei Konflikten zwischen Muslimbrüdern und ihren zahlreichen Gegnern.

Trotz des andauernden Machtkampfes und der rasanten Entwicklungen ändern sich die grundlegenden Probleme, Bedürfnisse und Wünsche der Menschen in Ägypten jedoch kaum. »Wir sind ein Volk, das sich nicht kennt«, sagte mir der junge ägyptische Filmemacher Amr Salama. »Das ist mir seit Beginn der Umbrüche klar.« Unter der »Bleiglocke der Diktatur«, wie er die über 30 Jahre währende Herrschaft Mubaraks bezeichnet, wurden fast alle gesellschaftlichen, sozialen, politischen, religiösen und ethnischen Gruppen unterdrückt. Seit dessen Sturz treten alte Spannungen, Spaltungen, Frustrationen und Hoffnungen zu Tage und entladen sich zu oft gewaltsam. Wenn die Ägypter sich selbst nicht kennen, wie Amr sagt, dann kennen wir, die wir von Europa aus auf das Land am Nil schauen, sie umso weniger. Ziel dieses Buches ist es, den Lesern jene Menschen aus Ägypten, die hinter dem Wandel stehen, etwas näherzubringen: Frauen und Männer, Arme und Reiche, Städter und Menschen auf dem Land. Junge Revolutionäre und Fußballfans, Muslimbrüder, Salafisten und die alte Elite, Christen, Nubier und Beduinen – eine Momentaufnahme des Jahres 2013. Und doch mehr als das: Die Menschen und ihre individuellen Geschichten kennenzulernen hilft, besser zu verstehen, was die Ursachen und treibenden Kräfte hinter den dramatischen Entwicklungen sind, deren Folgen wir ebenso wenig voraussehen können wie jene, die an ihnen direkt beteiligt sind. Umso wichtiger ist es zu begreifen, was die unterschiedlichen gesellschaftlichen Gruppen bewegt – auch jene, die sich ihrer Kraft gerade erst bewusst werden. Was in diesem so stolzen und zugleich so zerrissenen Land vor sich geht, kann nur verstanden werden, wenn man den Menschen dort zuhört und sie dadurch besser kennenlernt.

Natürlich hoffe ich dies nicht, aber vielleicht waren die ersten sechs oder sieben Monate dieses Jahres, meine Hauptreisezeit in Ägypten, ein einmaliges Zeitfenster, um im ganzen Land unterwegs sein zu können. Ägypter aller Bevölkerungsschichten sprachen, oft zum ersten Mal, sehr offen. Seitdem leben einige von meinen Gesprächspartnern, vor allem die Muslimbrüder, in Furcht und Schrecken. Sie baten mich während meiner letzten Reise im September 2013, ihre Namen zu ändern. Andere Gesprächspartner sind verhaftet und von Militärgerichten verurteilt worden, wie mein guter Bekannter, der beduinische Journalist und Aktivist Ahmed Abou Draa.

Zahlreiche Journalisten und Wissenschaftler werden von der Regierung, aber auch von der Bevölkerung an ihrer Arbeit gehindert. Mehrere ägyptische und ausländische Pressevertreter wurden bei den Auseinandersetzungen getötet. Ganze Landesteile, wie der Nord-Sinai, sind zu militärischen Sperrgebieten erklärt geworden. Hier jagt die ägyptische Armee mit Kampfhubschraubern Dschihadisten. Auch in anderen Landesteilen ist das Reisen zurzeit gefährlich. Besonders in einigen Orten Oberägyptens, in denen zahlreiche Kopten leben, kam es zu massiven Übergriffen durch gewalttätige Islamisten, die sich für die Unterstützung der Christen bei der Entmachtung von Präsident Mursi rächen wollten. Im ganzen Land wurden über 40 Kirchen niedergebrannt.

Frankreich, im Oktober 2013

Der Tahrir-Platz von oben

Pierre, »Guru der Revolution«

Der Mann ist ein Hüne, ein ironisch-zynischer Hüne, und das war er auch schon vor knapp 30 Jahren. Etwa 120 Kilo schwer und knapp zwei Meter groß, mit wirrem Haar und einem intellektuellen Rauschebart, der allmählich grau wird. Schon damals hatte nicht nur ich das naive Gefühl, der Mann könne irgendwie die Welt – oder zumindest Ägypten – auf seinen Schultern tragen – intellektuell. Das hat Pierre Sioufi nicht getan, aber er könnte behaupten, was er aus Bescheidenheit nie tun würde, dass er oder bzw. seine Wohnung für 18 Tage das Zentrum der Welt war, zumindest medial. Das war 2011, während der Ereignisse, die zum Sturz des ägyptischen Diktators Husni Mubarak führten. Pierres Wohnung oder besser gesagt sein ganzes Haus liegt am *Platz der Befreiung*, dem mittlerweile legendären Tahrir-Platz. Es war der letzte Neubau, der Anfang der sechziger Jahre dort genehmigt wurde. Aber auch schon vorher, seit Anfang des letzten Jahrhunderts, hatten Pierres Vorfahren hier auf demselben Grundstück zwischen Innenstadt und Nil ein Haus. Pierre lebte bis zum Tod seiner

Mutter vor wenigen Jahren noch in den ehemaligen Dienstbotenzimmern – Kammern oder besser kleine Häuschen – auf dem Flachdach des zehnstöckigen Gebäudes. Auch ohne das Treiben der zahlreichen Katzen war auf dem zur Terrasse umfunktionierten Dach mit einer der besten Aussichten Kairos oftmals einiges los. Kairos Intellektuelle, Künstler und ein paar westliche Ägyptenbegeisterte trafen sich hier, und Pierre hielt Hof. Bei meinem letzten Besuch vor zehn Jahren wurden mit braunem Reis gefüllte Tauben, eine ägyptische Spezialität, serviert. Interessanter noch als das Essen waren die Gespräche. Etwa mit einer libyschen Schauspielerin, die berichtete, Gaddafis Söhne würden ihr Land reformieren. Konversationen unter dem Licht einer riesigen Leuchtreklame, die auf dem Dach montiert war. Ich glaube, es war Werbung für Sony, auch Pierre erinnert sich nicht mehr genau. Davor, als es die US-Fluglinie noch gab, warb sie für TWA.

Noch spannender ging es bei Pierre während der historischen Umbrüche im Jahr 2011 zu. Während der zweieinhalb Wochen von Massenprotesten, die der Mubarakdiktatur ein Ende bereiteten, war seine Wohnung mit dem einmaligen Blick auf den Tahrir-Platz Medienzentrum und Planungsquartier der Demonstranten zugleich. Es wurde über die Ereignisse getwittert, gefacebookt, gemailt und gebloggt. Al Jazeera filmte von hier die Bilder, die auch über andere Fernsehsender um die ganze Welt gingen. Hunderttausende Menschen, die ihre Schuhe gen Himmel streckten, als Mubarak seine letzte Durchhalterede hielt, der Freudentaumel nach seinem Rücktritt, aber auch die schreckliche Gewalt der sogenannten »Schlacht der Kamele«, als vom Regime gedungene Schläger auf Kamelen und zu Pferd und mit Peitschen und Stöcken bewaffnet versuchten, die Demonstranten zu vertreiben.

Zwei Jahre später sitzt Pierre gelassen und etwas müde in seinem Büro. In dem Chaos auf dem alten Holztisch vor ihm liegen noch Flugblätter und Aufkleber aus der wilden Zeit zu Beginn der Umbrüche. Warum er seine Wohnung zur Verfügung gestellt habe? Um die Demonstranten zu schützen, antwortet er, sie hätten ja einen Zufluchtsort gebraucht. Filmen lassen habe er Al Jazeera vor allem deshalb, weil er hoffte, durch die mediale Aufmerksamkeit die jungen Revolutionäre auf dem Tahrir vor dem Schlimmsten zu bewahren. Pierre hat natürlich wesentlich mehr getan, als nur Demonstranten Schutz zu bieten. Er hat sie beraten, die jungen Revolutionäre, die Kids, wie er sie nennt, und ermutigt. Die *New York Times* bezeichnete ihn deshalb als Guru der Revolution – was sicherlich etwas übertrieben ist.

Er selbst verweigert zumeist Fernsehinterviews und mochte die Aufmerksamkeit der Medien nie wirklich. Obwohl er auch einmal Schauspieler war, will er keinesfalls auf die politische, geschweige denn auf die Weltbühne. Wer ist dieser 52-jährige Hüne mit der Hornbrille? Über sich selbst hat er einmal gesagt: »Ich bin nicht mehr als ein Salonrevolutionär, vielleicht weil ich es mir leisten kann. Wenn ich das nicht könnte, dann wäre ich vielleicht ein echter Revolutionär unten auf der Straße.« Als ich weiterfrage, sagt er: »Hör auf mit den Fragen, Pierre ist einfach Pierre.« Ich würde ihn als Privatintellektuellen bezeichnen, mit künstlerischem Touch: Neben seiner Schauspielerei hat er Ausstellungen und Happenings organisiert.

Pierre, »Guru der Revolution«, in seiner Wohnung am Tahrir-Platz

Pierres Zynismus, seine Ironie, auch Selbstironie oder einfach sein Fatalismus machen ihn zu einem herausragenden Analytiker Ägyptens und guten Sparringspartner. Er lässt sich nur selten zu blinder Passion, Emotion und Hysterie hinreißen, wie es andere seiner Landsleute, egal welchem politischen Lager sie angehören, gerne tun. Entsprechend ernüchternd fällt auch sein Rückblick auf den Februar 2011 aus: Der Sturz Mubaraks sei natürlich das Resultat eines Militärcoups mit dazwischengeschobenen Volksprotesten gewesen. Die Armee habe ihre eigene zunehmende Entmachtung durch das Regime zugunsten des Mubarak-Sohns Gamal und seines Klans nicht mehr ertragen. Das Argument, die Militärs hätten damals die Proteste einfach nicht mehr unterbinden können, lässt er nicht gelten. Sie hätten sie im Keim ersticken können. Zwei oder drei Stockwerke seines Hauses seien von der mächtigen staatlichen ägyptischen Tourismuskette *Misr Travel* angemietet. Dort arbeiteten viele ehemalige und aktive Offiziere der Armee, darunter auch Mitglieder des Militärgeheimdienstes, die bestens informiert gewesen seien und seine Wohnung sofort hätten räumen können. Auch der Sturz des ersten gewählten Präsidenten, Mohammed Mursi, sei ein Militärputsch gewesen. Der Kampagne *Tamarod*, die nach eigenen Angaben 22 Millionen Unterschriften zum Rücktritt des Präsidenten sammelte, hat er von Anfang an misstraut, da er vermutet, sie sei von den Militärs gesteuert. »Ich brauche nirgendwo zu unterzeichnen, um mich als Rebell auszuweisen«, betont er. Die Armee wolle die Machtposition wieder zurückerobern, die sie seit ihrem ersten Coup unter Gamal Abdel Nasser und den »Freien Offizieren« im Jahre 1954 innehatte. Auch damals wurde der Putsch in eine Revolution umgemünzt.

Ich teile Pierres Meinung nicht ganz. Die Militärs wollen ihre Privilegien sichern, das ist eindeutig. Die Feststellung, die Armee sei ein Staat im Staate, ist schon fast banal. Vielleicht ist sie sogar *der* Staat oder, wie die Ägypter sagen, der *tiefe* Staat: Ehemalige Offiziere sind überall im Staatsapparat vertreten. Die fast 500 000 Mann zählenden Streitkräfte sind sehr stark von dem sowjetischen Modell beeinflusst, seit sich Gamal Abdel Nasser in den fünfziger Jahren mit den US-Amerikanern überwarf und Militärberater aus der damaligen UdSSR ins Land holte. Seitdem besitzt die Armee ihre eigenen Rüstungsbetriebe, eigene Krankenhäuser – die besten des Landes –, eigene Sozialklubs und Ferienheime. Als Anwar as-Sadat sich im Jahre 1973 von den Russen abwandte und wieder ein liberales Wirtschaftssystem einführte, wurden die Streitkräfte »kapitalistisch«. Sie besitzen Großbäckereien, Hightech-Unternehmen, Waffenfabriken und zahlreiche Luxushotels. Durch Firmen in allen Wirtschaftszweigen des Landes finanzieren sie sich zum Teil selbst. Ihr Budget ist geheim, und die Verwunderung war nicht übermäßig groß, als die Armee den defizitären Staatshaushalt im Jahre 2011 mit einem Kredit von einer Milliarde Dollar bezuschusste. Die ägyptischen Streitkräfte sind gleichzeitig mit rund 1,5 Milliarden Dollar jährlich nach Israel die zweitgrößten Empfänger amerikanischer Militärhilfe. Ehemalige Offiziere sind Minister, Provinzgouverneure, Leiter wichtiger Staatsbetriebe und auf vielen anderen strategischen Posten zu finden. Der Militärgeheimdienst ist die vermutlich am besten informierte Institution des Landes.

Bei der Armee Karriere zu machen bedeutet nicht unbedingt, viel Geld zu verdienen. Doch die Offiziere und ihre Familien werden ihr ganzes Leben lang betreut. Sie machen Urlaub in Heimen der Armee, heiraten in den Klubs der Streitkräfte und haben eine für ägyptische Verhältnisse exzellente Gesundheitsversorgung. Ihre Söhne können in Militärakademien und Hochschulen zu Technikern oder Ärzten ausgebildet oder selbst Offiziere werden. All dies schafft bei den Militärs natürlich einen starken »Esprit de Corps«, einen Korpsgeist, bei dem die Loyalität vor allem sich selbst gilt.

Trotzdem wird die Armee, auch wenn sie es versuchen würde, wohl nie mehr die unumstrittene Machtposition erlangen, die sie bis in die siebziger Jahre des letzten Jahrhunderts innehatte. In den vergangenen Jahrzehnten ist eine doch relativ große Mittelschicht mit politischem Bewusstsein und eine stärkere Zivilgesellschaft entstanden. Das Land hat sich der Welt geöffnet und weiß durch Satellitenfernsehen, Internet und soziale Medien, was in der Welt geschieht. Große Teile des Volkes haben seit den Massendemonstrationen, die zum Sturz Mubaraks führten, das Bewusstsein der eigenen Macht und Stärke erlangt. »Wir haben keine Angst mehr. Für die Zukunft unserer Kinder sind wir bereit zu sterben.« Diese Sätze sind 2013 überall in Ägypten und in allen Bevölkerungsschichten zu hören. Die Armee musste während der 16-monatigen Regierungszeit des obersten Militärrates von Februar 2011 bis Juni 2012 selbst die leidvolle Erfahrung machen, dass sie das neue Ägypten nicht regieren konnte. Hinter den Kulissen die Fäden ziehen, nicht alle, aber viele, und die eigene Autonomie bewahren – das sind wohl auch nach ihrer Intervention zur Absetzung der Muslimbrüder die Ziele der Militärs. Ganz genau weiß dies aber niemand außerhalb des Führungsstabs der Streitkräfte. Wie die Armee ihre Entscheidungen trifft, ist selbst auf Militärfragen spezialisierten ägyptischen Experten nicht bekannt. Das ist auch für sie ein »schwarzes Loch«.

Das Eingreifen der Armee und die Absetzung des ersten gewählten Präsidenten des Landes verurteilt Pierre. Ihm wäre es lieber gewesen, Mursi wäre noch ein bisschen an der Macht geblieben. Er ist überzeugt, dass spätestens nach dem Ende des Fastenmonats Ramadan im August 2013 das Regime in sich zusammengefallen wäre, weil es dann kein Brot mehr gegeben und das ganze Volk rebelliert hätte. Während der Massenproteste auf dem Tahrir-Platz im Juli ist Pierre ans Mittelmeer gefahren. Er wollte auch mal seine Ruhe haben. Den Schlüssel seiner Wohnung hat er einem Freund gegeben. »Man weiß nie, was passiert, vielleicht brauchen die Kids auf dem Platz wieder Schutz.« Journalisten des arabischen Nachrichtensenders Al Jazeera würde er aber nicht mehr reinlassen, die würden nur noch einseitig zugunsten der Muslimbrüder berichten.

Ich frage ihn, ob er mir sein Resümee der ägyptischen Geschichte der letzten zwei Jahrhunderte seit der Geburt des sogenannten »modernen Ägyptens« und vor allem auch seiner zum Teil bis heute weiter bestehenden Probleme geben kann. Lachend verneint er. Zweihundert Jahre seien ihm zu viel, hundert vielleicht. Dabei braucht er selber gar nicht viel zu sagen, denn er besitzt in gewisser Weise einmalige historische Dokumente, die die Geschichte des »modernen Ägyptens« illustrieren: weit über 10000 Postkarten. Ihn interessieren vor allem Karten mit politischer Aussagekraft. In Ägypten wurden seit der Erfindung der Fotografie Postkarten hergestellt. Die einzige für die Geschichte des modernen Ägyptens relevante Periode vor der Erfindung der Fotografie ist Napoleons Eroberung des Landes Ende des 18. Jahrhunderts. Die Expedition des Franzosen wurde jedoch ausgiebig durch eine Gruppe von Forschern im Tross der Armee dokumentiert – von der Flora und Fauna, den Menschen und natürlich den pharaonischen Monumenten, die erstmals im 19. Jahrhundert in Europa bekannt wurden und eine Ägyptomanie entfachten. In Ägypten löste die Niederlage gegen die Heere Napoleons einen ungeheuren Schock aus. Die europäische Überlegenheit attestierte den sich für unverwundbar haltenden Herrschern des Landes, aber auch dem osmanischen Sultan in Istanbul ihre eigenen Schwächen und ihre Rückständigkeit. In Ägypten regierten zur damaligen Zeit die Mameluken, Nachfahren von Sklaven aus Zentralasien, dem Kaukasus und Südosteuropa, die verschiedenen Sultanen und Kalifen nicht nur in Ägypten, sondern auch im Irak und im späteren Osmanischen Reich als Militärelite dienten. »Wir wurden schon immer von Soldaten und ihren Nachfahren regiert«, kommentiert Pierre lakonisch. Der Schock der Niederlage gegen die Franzosen traf insbesondere die Überzeugung, die islamisch-arabisch-osmanische Zivilisation sei der christlich-europäischen weit überlegen, ins Mark.

Die Notwendigkeit eines raschen Wandels wurde offensichtlich. So startete Muhammad Ali Pascha, der wenige Jahre nach dem Abzug der französischen Truppen Herrscher Ägyptens wurde, ein ambitioniertes Modernisierungsprogramm.

Der ursprünglich aus Albanien stammende osmanische Offizier legte den Grundstein des heutigen Zentralstaates.

Unter dem Vorwand der Hochzeit seines Sohnes lud er die in den Provinzen so mächtigen Mameluken in die Zitadelle von Kairo ein und ließ sie dort ermorden. Nach dem Massaker an der alten Militärelite führte er die allgemeine Wehrpflicht ein – die Basis der heutigen ägyptischen Armee. Mit einer aggressiven Expansionspolitik eroberte er in der Folgezeit große Teile der Levante und die heute zwei Sudans. Der Pascha führte eine zentralistische Bürokratie ein und legte das Fundament für eine moderne Industrie und ein modernes Ausbildungssystem, indem er junge begabte Ägypter zum Studium nach Europa, vor allem nach Frankreich, schickte. Viele von ihnen wurden durch den Kontakt mit der europäischen Kultur führende Intellektuelle in Ägypten, aber auch der arabischen Welt und legten den Grundstein für die *Nahda*, die Renaissance arabischer Kultur im 19. und 20. Jahrhundert. »Wäre Muhammad Alis Experiment gelungen, dann wäre Ägypten heute ein Teil Europas, aber natürlich war er ein Diktator wie alle anderen nach ihm auch«, merkt Pierre an.

Das älteste Foto Kairos, das mir bekannt ist, zeigt die gewaltigen Steinformationen der Hügel um Kairo, die mächtige Zitadelle mit ihren imposanten, von Sultan Saladin im 12. Jahrhundert gebauten Wehrmauern und Türmen. Dahinter sind Dutzende von hohen Minaretten des historischen Zentrums zu sehen. Kairo war im Mittelalter die größte Stadt der Welt mit prunkvollen Palästen, öffentlichen Bädern, den allerersten Krankenhäusern und der um 970 gegründeten Al-Azhar, eine der ältesten Universitäten überhaupt. Sie hat bis heute als religiöse Autorität einen großen Einfluss auf das Land. Al-Qahira, das arabische Wort für Kairo, bedeutet »die Siegreiche«. Von der durch arabische Invasoren gegründeten Stadt aus beherrschten mächtige Dynastien von Sultanen und Kalifen zeitweise große Teile des Nahen Ostens und Nordafrikas, bis die osmanischen Sultane das Land am Nil 1517 eroberten. Faktisch war Ägypten aber auch unter den Osmanen über lange Zeiträume unabhängig.

Die ersten Postkarten aus Pierres Sammlung stammen aus der Zeit von Muhammad Alis Nachfolger, dem Khediven Ismail. Etwa eine Abbildung der Eröffnung des Suezkanals im Jahre 1869 und des Kairoer Opernhauses, in dem 1871 die spektakuläre Uraufführung von Verdis Oper *Aida* gefeiert wurde. Ismail selbst ist in westlichen Anzügen oder mit Orden geschmückten Uniformen und dem roten Fes zu sehen, einer leicht kegelförmigen Kopfbedeckung, die in allen formal dem Osmanischen Reich unterstehenden Gebieten als Zeichen der Moderne eingeführt wurde. Der osmanische Vizekönig von Ägypten wollte das Land in rasantem Tempo weiter modernisieren und europäisieren. Dabei verschuldete er jedoch den Staat trotz hoher Einnahmen aus dem Baumwollanbau so stark, dass dies die schleichende Kolonisierung des Landes durch Großbritannien zur Folge hatte, eine europäische Großmacht, die schon lange ein enormes Interesse an dem geostrategisch wichtigen Ägypten und vor allem am Suezkanal hatte, dem kürzesten Seeweg nach Indien – dem Kronjuwel des britischen Kolonialreichs. Trotz teilweise massiven Widerstands der Bevölkerung und der ägyptischen Armee im Jahre 1882, deren Offiziere bereits damals versuchten, gegen das aus Albanien stammende Königshaus zu putschen, wurde Ägypten zum Protektorat Britanniens. Aus dieser Zeit besitzt Pierre Postkarten, die reiche Europäer auf Urlaubsreisen vor pharaonischen Monumenten, den Pyramiden von Gizeh, den Tempeln von Luxor oder den ersten Luxushotels wie dem *Old Cataract* in Assuan zeigen. Das Hotel war Inspiration für Agatha Christies Bestseller *Tod auf dem Nil*. Andere Karten romantisieren glückliche ägyptische Bauern und Bäuerinnen mit Tonkrügen auf den Köpfen vor Palmenhainen am Nil. In Wirklichkeit wurden reiche ausländische Investoren und ägyptische Großgrundbesitzer immer reicher und Ägyptens Bauern, die Fellachen, immer ärmer.

Diese Kluft wurde durch den Ersten Weltkrieg, in dem Großbritannien Zehntausende von Soldaten für den Kampf gegen das Osmanische Reich stationierte, noch größer. Rücksichtslos stellten die Briten die ägyptische Wirtschaft auf eine Kriegswirtschaft um, was zu einer weiteren Verarmung der Bevölkerung führte. Dies verschaffte der nationalistischen Bewegung Ägyptens großen Zulauf. Die *Wafd,* arabisch für *Delegation*, wurde gegründet. Gemeint war damit eine nationalistische ägyptische Abordnung zu den Versailler Friedensgesprächen, der aber die Teilnahme verweigert wurde. Trotzdem konnte die Wafd Ägypten letztendlich so stark mobilisieren, dass die Briten 1921 das Land unilateral in die Unabhängigkeit entließen, aber durch eine andauernde Truppenpräsenz und die Kontrolle über den Suezkanal weiterhin starken Einfluss auf die Geschicke des Landes ausüben konnten. Die Wafd, welche damals den ersten Premierminister des unabhängigen Ägyptens stellte, existiert seitdem ununterbrochen – wenn auch zum Teil im Untergrund – als liberale und weltliche Partei.

In der Zwischenkriegszeit blühte der Nationalismus weiter auf. Doch gleichzeitig entwickelte sich in Kairo und Alexandria, der damaligen Sommerkapitale, das sogenannte »kosmopolitische Ägypten«: Armenier, reiche Levantiner, Italiener, Griechen und Franzosen strömten in das Land am Nil. Gute Geschäfte und auch ein freies, ungezügeltes Leben lockten. Die wohlhabenden Einwanderer mischten sich im gesellschaftlichen und kulturellen Leben mit der türkisch-osmanischen und der ägyptischen Oberschicht des Landes.

Pierres Postkarten zeigen die schicke Gesellschaft in den noblen Kaffeehäusern im französischen oder italienischen Stil, aber auch erotisch posierende Frauen in orientalisch-ägyptischer Anmutung. Laut Pierre genoss die Oberschicht ein phantastisches Leben, das jedoch mit der sozialen Realität der übrigen Ägypter nichts gemein hatte. Er selbst ist ein Überbleibsel dieser kosmopolitischen Elite und spricht mit Leichtigkeit und oftmals im gleichen Satz wechselweise Arabisch, Französisch und Englisch. Seine Familie hat ihre Ursprünge im Irak, der Levante und in Griechenland und kam Anfang des 20. Jahrhunderts mit einer Farbenfabrik, die deutsche Lizenzprodukte herstellte, zu ihrem Vermögen. Ein Vorfahr Pierres soll im Krieg 1871 gegen Frankreich sogar Militärarzt auf deutscher Seite gewesen sein.

In der Periode zwischen den zwei Weltkriegen existierten in Ägypten ein reges Vielparteiensystem und eine lebhafte Presselandschaft. Die tiefgreifenden Probleme des Landes wurden jedoch weitgehend ignoriert: die schon damals phänomenale Korruption der Elite, die Armut der Massen und eine längst überfällige Landreform. Ägypten galt als »das Land der 1000 Familien«, sie besaßen über 90 Prozent des gesamten Grund und Bodens.

1928 gründete der Grundschullehrer Hassan al-Banna, auch als Reaktion auf die Verwestlichung des Landes und die großen sozialen Missstände, in der Stadt Ismāilia am Suezkanal eine Organisation, die wie keine andere nicht nur Ägypten, sondern die gesamte islamische Welt geprägt hat: die Muslimbruderschaft. Für Pierre ist sie eine strikt hierarchische, pharaonische Organisation, »die allen, wirklich allen, ihre mittelalterliche Vision des Kalifats aufzwingen will«. Die Vereinigung, die innerhalb von weniger als zwei Jahrzehnten auf über 500 000 Mitglieder anwuchs, macht vor allem die Abkehr vom Islam für die Probleme Ägyptens und der arabischen Welt verantwortlich. Stark wurde die Gruppierung durch ihr soziales Engagement auf dem vernachlässigten Land und in den Provinzstädten. Die massive britische Truppenpräsenz in Ägypten während des Zweiten Weltkriegs verhalf den Muslimbrüdern zu weiterem Zulauf.

Nach der Ausrufung des Staates Israel 1948 und der darauffolgenden Niederlage der ägyptischen, aber auch der syrischen und der jordanischen Armee im ersten arabisch-israelischen Krieg radikalisierte sich die Bewegung und wurde schließlich von der Regierung verboten. Die Gewalt der Organisation und ihres geheimen militärischen Flügels richtete sich nicht nur gegen die weltlichen Politiker der Monarchie und die britischen Truppen, sondern vor allem auch gegen die damals etwa 80 000 Mitglieder starke jüdische Gemeinde

Ägyptens. Nach der Ermordung des damaligen Premierministers Mahmoud Fahmi an-Nukrashi durch einen Muslimbruder wurde der Anführer der Bruderschaft, Hassan al-Banna, vermutlich im Auftrag der Regierung ebenfalls umgebracht.

Das Jahr 1952 markiert den Anfang vom Ende des liberalen, kosmopolitischen Ägyptens. Nachdem britische Truppen in der Suezkanal-Zone 50 ägyptische Sicherheitskräfte getötet hatten, kam es in Kairo zu den zerstörerischsten Ausschreitungen des 20. Jahrhunderts. 750 Gebäude, die man mit westlichen und besonders mit britischen Interessen in Verbindung brachte, wurden in Brand gesteckt, darunter das Opernhaus, die renommiertesten Hotels, Cafés, Kinos, aber auch Banken und Kaufhäuser. Rund um Pierres Haus muss es lichterloh gebrannt haben. Bei den bis heute nicht aufgeklärten Krawallen waren vor allem nationalistische Gruppierungen, aber auch Muslimbrüder beteiligt. Gegner der Muslimbrüder behaupten, dass die Islamisten bis heute niemals wirklich der Gewalt abgeschworen hätten, und führen als Beweis hierfür ihr noch immer gültiges Motto an: »Gott ist unser Ziel. Der Prophet ist unser Führer. Der Koran ist unsere Verfassung. Der Dschihad ist unser Weg. Der Tod für Gott ist unser nobelster Wunsch.« Wir schauen nach unten auf den Tahrir-Platz, wo eine kleine Gruppe von Mursi-Gegnern mit den rot-weißen Flaggen der Republik demonstriert. Seit dem Sturz des Mubarakregimes protestiert hier so gut wie täglich irgendjemand für oder gegen irgendetwas.

Die schmähliche Niederlage von 1949 gegen Israel war auch einer der Hauptgründe für die Formierung einer anderen Organisation, einer weltlich-nationalistischen. Diese war zwar wesentlich kleiner und operierte viel geheimer, sollte aber zumindest ebenso viel Einfluss auf Ägyptens Politik bekommen wie die Muslimbrüder. Es handelt sich um die »Freien Offiziere«, unter ihnen zwei spätere Präsidenten, Gamal Abdel Nasser und Anwar as-Sadat. 1952 stürzten die »Freien Offiziere« mit Hilfe der Muslimbrüder die Monarchie. Eine Allianz, die nicht lange hielt. Nach einem vermeintlichen Attentatsversuch der Brüder gegen Nasser, den starken Mann der Militärs, wurde die Bruderschaft erneut für illegal erklärt. Es folgten Massenverhaftungen. Führende Vertreter der Muslimbrüder wurden unter Nasser hingerichtet, darunter Sayyid Qutb, der als einer der größten Intellektuellen der Bewegung, aber auch als geistiger Vater des dschihadistischen Terrorismus gilt.

Bei ihrer Machtübernahme 1952 setzten die Militärs dem König ein Ultimatum, in dem sie vorgaben, den Willen des Volkes zu repräsentieren. Sie versprachen wirkliche Demokratie und eine neue gerechte Verfassung – wie heute im Jahre 2013. Pierre muss lachen. Nasser wurde innerhalb weniger Jahre zu einem Diktator, der keinerlei Widerspruch zuließ, und gleichzeitig zu einer ägyptischen und arabischen Ikone. Dies hatte er wohl in erster Linie spektakulären politischen Entscheidungen zu verdanken, die zu ebenso aufsehenerregenden und unvermuteten außenpolitischen Erfolgen führten. Im Juli 1956 verstaatlichte Ägypten den Suezkanal, dessen Anteilseigner mehrheitlich Frankreich und Großbritannien waren. Nasser begründete dies mit den Tausenden von Ägyptern, die als Zwangsarbeiter beim Bau der damals wichtigsten Wasserstraße der Welt ihr Leben ließen, aber vor allem mit der Notwendigkeit, neue Geldmittel zu finden, nachdem die

USA ihre Zusage zur Finanzierung des Assuan-Staudamms zurückgezogen hatten. Die Amerikaner waren unzufrieden mit der Neutralität Ägyptens im Kalten Krieg, trotzdem verhalfen sie Nasser zu seinem größten Triumph: Sie zwangen Engländer, Franzosen und Israelis, die gemeinsam Ägypten als Reaktion auf die Verstaatlichung angegriffen sowie den Kanal und den Sinai besetzt hatten, zum Abzug. Ägyptens Präsident ging als der große Sieger aus der sogenannten Suezkrise hervor. Auf den Postkarten Ägyptens unter Nasser sind Neubauten von Behörden, Krankenhäusern, Schulen und ganzen Wohnvierteln im sowjetischen Stil zu sehen – arabischer Sozialismus als Staatsdoktrin. Außenpolitisch standen Blockfreiheit und arabische Einheit auf der Agenda, so etwa eine Union mit Syrien, die allerdings scheiterte.

Innenpolitisch hatte Nasser bereits 1953 eine umfassende Landreform durchgesetzt und zahlreiche Großgrundbesitzer enteignet. Anschließend verstaatlichte er in mehreren Etappen die wichtigsten Industrie- und Handelsbetriebe, aber auch zahlreiche kleinere Unternehmen und Geschäfte, die sich im Besitz von Ausländern befanden. Das Ende des kosmopolitischen Ägyptens wurde somit besiegelt.

In den Folgejahren wurde der Assuan-Staudamm gebaut. Die Gesundheitsversorgung für alle Ägypter wurde ebenso kostenlos wie der Besuch von Schulen und Universitäten, eine Kampagne zur Emanzipation der Frauen gestartet. Vor allem durch eine Beschäftigungsgarantie für Abiturienten und Akademiker entstand ein gigantischer Staatsapparat, der bis heute ein Fluch für das Land ist. Nassers ehrgeiziges staatliches Modernisierungsprogramm ist im Endeffekt gescheitert, auch weil nie versucht wurde, das dramatische Bevölkerungswachstum zu begrenzen. Mehr Ägypter bedeuten ein mächtigeres Land, lautete die Prämisse.

Die vernichtende Niederlage im Krieg gegen Israel 1967 zerstörte bei der Bevölkerung jedoch einen großen Teil von Nassers Nimbus und die Illusion, Ägypten sei auf dem richtigen Weg. Der Sieg der Israelis löste ein kollektives Trauma aus, dessen Folgen das Land bis heute beeinflussen. Viele Ägypter gelangten damals zu der Überzeugung, dass weltliche politische Experimente zum Scheitern verurteilt seien, und wandten sich wieder religiösen Gruppierungen zu – allen voran der illegalen Muslimbruderschaft. Trotz seiner Niederlagen ist Nasser vielleicht der ägyptische Präsident, der die Geschicke des Landes und auch der arabischen Welt am stärksten geprägt hat. Zahlreiche Diktatoren wie Saddam Hussein oder Muammar al-Gaddafi ließen sich von ihm inspirieren.»Immerhin hatte der Mann eine Vision – und das Volk mochte ihn«, meint Pierre.

Die beiden nachfolgenden Präsidenten versuchten, das Rad der Geschichte in gewissen Bereichen zurückzudrehen. Sadat schloss nach einem Achtungserfolg im Krieg gegen Israel 1973 durch das Abkommen von Camp David 1978 den für das ruinierte Land so wichtigen »kalten Frieden« mit Israel und liberalisierte teilweise die Wirtschaft erneut, um ausländische Investoren anzulocken. Ansonsten verfolgte er jedoch kein wirklich neues und kohärentes politisches Projekt. Nach der Sowjetunion wurde wieder ein westliches Land zur mächtigen Schutzmacht: die USA.

Sadat schlug zu Anfang seiner Amtszeit einen versöhnlichen

Kurs gegenüber den Muslimbrüdern ein. Er ließ inhaftierte Führer frei und tolerierte die Präsenz von Kandidaten der Organisation bei Wahlen von Studenten und Berufsverbänden sowie den Gewerkschaften. Sein Ziel war es, die Muslimbrüder als Gegengewicht zu den damals noch einflussreichen Nasseristen zu instrumentalisieren, um seinen Liberalisierungskurs und die Annäherung an die USA durchsetzen zu können.

Die Ermordung des »Pharaos« Anwar as-Sadat im Jahr 1981 durch extremistische Islamisten aufgrund des »verräterischen« Friedensschlusses mit Israel löste eine neue Welle der Repression aus. Sein Nachfolger Husni Mubarak ließ Zehntausende von Islamisten, darunter zahlreiche Muslimbrüder, verhaften und von Sondergerichten verurteilen. In den Gefängnissen wurde oft grausam gefoltert. Zahlreiche Islamisten radikalisierten sich und verübten nach ihrer Freilassung Mitte der neunziger Jahre des letzten Jahrhunderts Attentate im ganzen Land. Erst zum Ende des Jahrzehnts durfte die Muslimbruderschaft unter strengen Auflagen wieder am politischen Leben teilnehmen.

Ansonsten setzte Mubarak in seiner mehr als dreißigjährigen Regierungszeit Sadats Politik in der Hoffnung, unkontrollierter Kapitalismus würde das Land in die Moderne treiben, einfach fort. Das Wirtschaftswachstum von rund sechs Prozent in den letzten Amtsjahren schien ihm recht zu geben und bereicherte insbesondere auch den Millionärs- und Milliardärs-Klan um seinen Sohn Gamal. Dass dabei die soziale Ungerechtigkeit so stark anwuchs, dass sie zu einem der Hauptgründe seines Sturzes wurde, hatte der Diktator wohl übersehen. Dabei gab es zahlreiche Warnzeichen, etwa die Demokratiebewegung »Kifaya«, arabisch für *genug*. »Kifaya« forderte bereits seit 2005 den Rücktritt Mubaraks und organisierte zahlreiche Proteste. Die Bewegung des 6. April – der Name soll an einen Streik von Textilarbeitern aus der im Nildelta gelegenen Stadt al-Mahalla al-Kubra im Jahr 2008 erinnern, der blutig niedergeschlagen wurde – mobilisierte ihre Anhänger bereits zu diesem Zeitpunkt erfolgreich durch das Internet und wurde 2011 eine der treibenden Kräfte, die zum Sturz des Mubarakregimes führten.

Die zunächst vor allem durch die sozialen Medien organisierten Massenproteste richteten sich mit Slogans wie »Brot, Würde und soziale Gerechtigkeit« vor allem gegen die schlechte und ungerechte wirtschaftliche Lage, Polizeigewalt und Korruption. Als klarwurde, dass wirklich Millionen auf die Straße gingen, Mubarak sich jedoch stur zeigte und auf Polizeigewalt setzte, wurde die Forderung »das Volk will den Sturz des Regimes« immer lauter, bis Mubarak am 11. Februar 2011 tatsächlich entmachtet wurde.

Der Islamist Mursi, der nur knapp ein Jahr regierte, sei wie sein Vorgänger zum Pharao geworden, sagt Pierre. »Halbgötter«, die nur für die eigene Machtsicherung und die Interessen ihres Klans arbeiten. In der Tat hat Mursi seine Versprechen gegenüber all jenen gebrochen, die ihm 2012 im zweiten Wahlgang zum knappen Wahlsieg über Ahmed Shafiq, den Kandidaten der Militärs, verholfen hatten und keine Muslimbrüder waren – egal ob junge Revolutionäre, liberale und sozialistische Parteien oder selbst andere religiöse Gruppierungen wie die Salafisten. Durch den Erlass präsidentieller

Dekrete boxte er eine Verfassung durch und versuchte alle Macht an sich zu reißen. Er hat Ägypten gespalten und nicht vereint, meint nicht nur Pierre. »Jetzt sind wir wieder da, wo wir unter der Monarchie waren.« Ausländische Investoren werden gebraucht, wir experimentieren erneut mit einer merkwürdigen Form von Demokratie, Muslimbrüder und liberale Politiker bekämpfen sich, und das Militär ist dabei, die Macht zu übernehmen. »Wir drehen uns im Kreis. Im Grunde ändert sich hier seit 200 Jahren nichts.« Die Machthaber würden nur ausgetauscht, ohne dass die grundsätzlichen Probleme in Angriff genommen und gelöst würden. Pierre betont immer wieder eines seiner Hauptanliegen: Bildung! Ohne ein vernünftiges Erziehungssystem ließen sich die anderen Grundprobleme, wie Armut und Analphabetismus, nicht beseitigen. In den schlechten staatlichen, aber auch den teuren Privatschulen würde nur auswendig gelernt, viel zu oft zudem lediglich aus dem Koran. Freies und kritisches Denken, das würde in Ägypten kaum jemandem beigebracht. Der »Salonrevolutionär« zeigt erstmals in unserer Unterhaltung ein wenig Optimismus – für seine Verhältnisse. Er vergleicht die Situation des Landes am Nil mit der Frankreichs nach der Revolution von 1789, mit Europa im Jahre 1848 oder Deutschland während der Weimarer Republik. Oftmals seien eben Jahrzehnte von Straßenschlachten und noch blutigeren Konflikten nötig, um eine gerechtere Gesellschaft und Demokratie zu schaffen. »Aber was sind schon ein paar Jahrzehnte in Ägypten angesichts einer 5000-jährigen Geschichte.«

Ich schaue auf den Tahrir-Platz. Er ist Abbild und Zeitzeuge des »modernen Ägyptens«. Einst war der Platz Wüste, dann änderte sich der Verlauf des Nils, und es entstanden grüne Felder. Hier lagerten Napoleons Truppen. Wenige Jahrzehnte später wurde am Ufer des Stroms ein prunkvoller Palast für den Khediven Ismail gebaut, genau gegenüber auf der Ostseite des Platzes die vom Herrscher in Auftrag gegebene Innenstadt Kairos, die zum Paris der arabischen Welt werden sollte. Von Pierres Haus aus sieht man im Norden das Anfang des 20. Jahrhunderts entstandene Ägyptische Museum mit seiner einmaligen Sammlung pharaonischer Schätze und die im neoandalusischen Stil gebaute Amerikanische Universität schräg gegenüber im Südosten. Hier wurde ein Großteil der Elite des Landes, auch der Protestelite, ausgebildet. Die britischen Besetzer beschlagnahmten Ismails Palast am Nil und machten ihn zu ihrem militärischen Hauptquartier. Direkt daneben, ebenfalls am Ufer des Stroms, liegt der Sitz der Arabischen Liga, noch unter Ägyptens letztem König Faruq I. gebaut. Nach dem endgültigen Abzug der britischen Truppen änderte Nasser den Namen des Platzes von »Ismail« auf »Tahrir«, arabisch für *Befreiung*. Er ließ den angrenzenden Herrscherpalast abreißen und erlaubte, da er sich mit den USA noch gut verstand, der Hilton-Gruppe, das damals wohl luxuriöseste Hotel des Landes zu bauen. Schräg gegenüber, an der gesamten Südseite des Platzes, wurde wenig später das riesige Hauptverwaltungsgebäude des Innenministeriums errichtet, im Sowjetstil: riesig, mit seinen langen Gängen, Tausenden von Räumen und den Menschenmassen, die hier täglich durchhasten oder verzweifelt auf ein Dokument warten – ein wahrlich kafkaesker Albtraum. Die Kairoer U-Bahn und die Station *Sadat* am Tahrir werden gerade weiter ausgebaut und das veraltete Hilton Hotel zu einem noch luxuriöseren Palast von Ritz-Carlton umgebaut.

Der Tahrir ist, wie ganz Ägypten, eine Dauerbaustelle. Ebenfalls am Nil, neben dem Ägyptischen Museum, stehen noch die Ruinen eines Gebäudes, welches die ägyptischen Präsidenten für ihre jeweiligen politischen Alibi-Gruppierungen, von der arabischen Einheitspartei Nassers bis zur national-demokratischen Partei Mubaraks, als Hauptquartier nutzten. Das Gebäude wurde während der Demonstrationen gegen Mubarak 2011 in Brand gesetzt und muss wohl abgerissen werden. Mohammed Mursi, der erste gewählte Präsident Ägyptens, hatte keine Zeit, sich hier zu verewigen. Aber mehr noch als die Gebäude waren es natürlich die Menschen mit ihren Massendemonstrationen, die dem Platz seine wirkliche historische Bedeutung gaben. Und zwar nicht nur die in jenen 18 Tagen im Jahr 2011, sondern auch alle folgenden Demonstrationen von Millionen Menschen, die auf diesem Platz, aber auch in anderen Städten des Landes erlebt haben, dass sie ein Volk sind. Ein Volk, das sein Schicksal in die Hand nehmen kann.

Aber es ist leider auch »ein Volk, das sich unter der ›Bleiglocke der Diktatur‹ nicht kannte, sich leider heute ebenso wenig kennt und sich noch weniger versteht«, so formuliert es mein Bekannter, der Filmemacher Amr Salama. Einer, der viel auf dem Platz war, ein »Revolutionär« oder, wie Pierre sagen würde, eines der Kids. Der 32-Jährige ist stets diskret, aber sehr erfolgreich und einflussreich: 450 000 Ägypter folgen ihm noch heute auf Twitter.

»Augen öffnen«

Amr, Filmemacher und Aktivist

Beverly Hills – Amr und ich sitzen auf der Veranda einer eleganten Villa in einer ruhigen Straße, die von Oleanderbüschen und Palmen gesäumt ist. Die Rasenflächen sind präzise gemäht und trotz des Wüstenklimas saftig grün. Amr, der sich zumeist eher humorvoll zeigt, spricht gerade sehr ernst über die unverzeihliche gegenseitige Unkenntnis der gesellschaftlichen und politischen Kräfte in Ägypten, welche nach dem Sturz des Mubarakregimes zu Tage trat: »Die Salafisten konnten sich nicht vorstellen, dass es so viele Anhänger eines weltlichen Staates gibt – die säkularen Ägypter ihrerseits waren über die Anzahl der Salafisten verblüfft. Den Anhängern des Mubarakregimes war wiederum nicht klar, dass sie so verhasst waren. Die Islamisten der Muslimbruderschaft konnten ihrerseits nicht glauben, dass ihnen die Gesellschaft so viel Widerstand entgegenbringen würde. Der Armee war nie der Gedanke gekommen, dass das Volk so mächtig sein und sich ihr widersetzen könne. Die Polizisten mussten feststellen, dass sie nicht die Götter Ägyptens, sondern äußerst unbeliebt sind.

Jeder hat also so seine unangenehmen Überraschungen erlebt. Eines Tages sind alle aufgewacht und haben festgestellt,
dass sie nicht alleine im Land leben. Die Büchse der Pandora
ging auf. Das war ein traumatisches Kollektiverlebnis. ›Das ist
ein Ägypten, das wir nicht kennen‹ ist ständig zu hören.«

Ein junger Mann bringt uns Tee auf die Terrasse hier in
Beverly Hills, einem Ort, den viele Ägypter nicht kennen und
auch nicht kennenlernen sollen – vor allem nicht das gemeine Volk. Es handelt sich nicht um den bekannten Stadtteil im
amerikanischen Los Angeles, sondern um eine gleichnamige
Stadt nur einige Kilometer vom Zentrum Kairos entfernt. Der
für Ägypten alberne Name soll wohl Exklusivität suggerieren,
denn es ist nicht irgendeine Vorstadt, sondern eine von drei
oder vier, in denen sich die ägyptische Elite niedergelassen hat.
Im Gegensatz zu Kairos Innenstadt ist sie sauber, ruhig und
gepflegt, und niemand hier wird von der Armut des Landes
belästigt. Mauern umgeben *Beverly Hills*, und private Sicherheitskräfte kontrollieren die Zugänge. Nur Anwohner, deren
Angestellte und Lieferanten dürfen hinein. Die Letzteren nur,
wenn sie ihren Personalausweis abgeben. Der 32-jährige Amr
wohnt nicht in *Beverly Hills* und möchte hier auch nicht wohnen. Er dreht hier einen Film, und der Ort dient als Kulisse.

Amr definiert sich als »visueller Geschichtenerzähler«. Seine
eigene persönliche Geschichte ist bezeichnend für die Generation der jungen, gut ausgebildeten Aktivisten, die die Umbrüche 2011 angestoßen haben, aber auch für viele andere Ägypter der gehobenen Mittelschicht. Amr ist, wie eine beachtliche
Zahl seiner Landsleute, in Saudi-Arabien aufgewachsen. Seit
Jahrzehnten emigrieren Millionen von Ägyptern, um der Dau-

erwirtschaftskrise zu entkommen, in die reichen Emirate und Königreiche am arabischen Golf – viele von ihnen nach Saudi-Arabien, dem größten Land der arabischen Halbinsel. Die Gelder, die die im Ausland lebenden Ägypter – von einfachen Arbeitern bis hin zu hochspezialisierten Ärzten und Ingenieuren – in ihre Heimat schicken, sind eine der wichtigsten Einnahmequellen des Landes. 2012 waren dies fast 20 Milliarden Dollar. Die Staatsangehörigkeit ihrer Gastländer erhalten Ägypter so gut wie nie, sie kehren deshalb fast alle mit ihren Familien früher oder später in ihre Heimat am Nil zurück.

Amr dreht gerade eine sozialkritische Komödie. »Durch Lachen kann man viel verändern«, sagt er. Es geht um religiöse Spannungen. Ein christlicher Junge muss auf Grund des Bankrotts seiner Eltern die Schule wechseln; sie können die teure Privatschule nicht mehr bezahlen. Der siebenjährige Bilal geht nun auf eine staatliche Schule, die nur von Muslimen besucht wird. Dort gibt er sich selbst als Muslim aus. Auch aus dem teuren Apartment in der Villa, auf deren Terrasse wir gerade sitzen, muss die Familie bald ausziehen. Doch noch kann er hier abends in seinem Zimmer vor einer Ikone von Jesus beten und sich bei Gott für seine Lügen entschuldigen. Diese Szene dreht Amr gerade. Der ägyptische Nachwuchsregisseur hat einen weiten Weg zurückgelegt, bis er kritische Filme realisierte und den roten Teppich bei den Filmfestspielen in Venedig betreten durfte.

Amr hat eine lange Sinnsuche hinter sich. Ein Prozess, bei dem er viel zuhörte und viel sah und, wie er selbst sagt, »immer größere Augen bekam«. Seine Kindheit in Saudi-Arabien war von dem puritanisch-religiösen Konservatismus des verschlossenen Landes geprägt. »Bis zu meinem Abitur hatte ich nie mit einem Mädchen gesprochen, das nicht mit mir verwandt war. Als ich mit meinen Eltern nach Ägypten zurückkehrte, war das der totale Kulturschock, so viel persönliche Freiheit.« Amr nutzte diese, war hinter jeder jungen Frau her und ging viel aus. »Ich wollte richtig cool sein«, erklärt er, doch dann kam eine 180-Grad-Wendung. Er fühlte sich schuldig, »sündig« und wandte sich, beeinflusst vom strengen Islam seiner Kindheit in Saudi-Arabien, wieder der Religion zu. Er ließ sich einen Bart wachsen und trug Hosen, die bis zum Fußknöchel reichen, um dem Vorbild des Propheten Mohamed zu folgen. Kurzum: Er wurde zum Salafisten und nahm Religionsunterricht bei radikalen Predigern. Deren Intoleranz und Hass sind heute für ihn ein Albtraum. »Damals fand ich darin jedoch einen Sinn für mein Leben, die Illusion der absoluten Wahrheit, ein Gefühl der Sicherheit, der Reinheit, und vor allem tat es mir gut, einer Gemeinschaft anzugehören«, resümiert er. Der Salafismus wurde nach der Jahrtausendwende zu einem starken gesellschaftlichen Trend, fast eine Art Mode. Amr quälte sich zu jener Zeit mit der Frage, warum er wie sein Vater Finanzmanagement und Buchhaltung studierte. In seiner Freizeit experimentierte er mit Graphik- und Videoeffektprogrammen, stellte erste Clips her und begeisterte sich mehr und mehr für Kunst. Durch einen Zufall durfte er in fünf Szenen eines großen ägyptischen Spielfilms mitspielen. »Ich war fasziniert von den Stars, dem Regisseur, aber auch der ganzen Atmosphäre, den vielen Lkws mit Ton- und Filmtechnik, den Scheinwerfern und Kostümen.« Mehr und mehr wendete Amr sich zum Film hin und weg von den ex-

Aktivist und Filmregisseur Amr Salama beim Drehen

tremen religiösen Gruppen. Er lernte den Sohn eines berühmten ägyptischen Regisseurs kennen, verbrachte viel Zeit bei ihm zu Hause und diskutierte mit dem Vater seines Freundes, seinem neuen »Helden und Mentor«. Diese Besuche öffneten ihm die Augen, nicht nur in Sachen Film: Die Familie war christlich. »Zum ersten Mal hatte ich christliche Bekannte, war bei Christen zu Hause und teilte Mahlzeiten mit ihnen.« Im Saudi-Arabien seiner Kindheit, aber auch von vielen Salafisten in Ägypten wird der Umgang mit anderen Religionen strikt abgelehnt. Fast wäre auch Amr in religiösen Fanatismus abgedriftet, wie Freunde von ihm, die aufgrund ihrer radikalen Ansichten unter dem Mubarakregime inhaftiert wurden.

Unser Gespräch wird von einem Regieassistenten unterbrochen, der wissen möchte, wie er die Scheinwerfer für die nächste Szene aufstellen soll. »Mich hat das Filmemachen gerettet«, sagt Amr nachdenklich. Bereits vor einiger Zeit hat er sich den langen Bart der Islamisten abrasiert, heute trägt er »Henriquatre«, einen modischen kleinen Spitzbart rund um den Mund.

Amr schrieb noch während seines Studiums sein erstes Skript für einen Spielfilm, einen romantischen Thriller: *Ein Tag wie heute*. Ein anspruchsvolles Szenario mit parallelen Handlungssträngen. So ähnlich wie *Lola rennt*. Er konnte das Drehbuch verkaufen und sollte es dann selbst umsetzen. 2004 fiel Amr durch seine Uni-Examen und erhielt gleichzeitig eine Anfrage der Weltgesundheitsorganisation: Ob er einen Film über HIV und AIDS drehen wolle? Der Moment der Entscheidung war gekommen. Die Dokumentation über die Stigmatisierung und Diskriminierung von HIV-Positiven in Ägypten und der Kontakt mit Infizierten und Kranken öffnete dem gescheiterten Buchhalter ein weiteres Mal die Augen. In ihm wuchs großer Zorn auf sein Land und dessen Gesellschaft, eine so große Wut, dass er beschloss, einen Spielfilm zum selben Thema zu drehen. Für die Suche nach Drehorten, das Schreiben des Drehbuches, aber auch für seine persönliche Sinnsuche hat Amr etwas für Ägypter seines Alters und seiner sozialen Schicht sehr Seltenes getan: Er bereiste sein Heimatland. Kein »Road Movie«, aber ein »Road Trip«, der ihm die Augen immer weiter öffnete. »Ich habe gemerkt, dass es da draußen ein anderes Land gibt – vermutlich nicht nur eines.« Er verließ die von den Realitäten des Landes isolierte »Blase«, in die sich so viele Ägypter der oberen Mittelschicht zurückziehen. Er erlebte die ganze Diskriminierung, die Unterdrückung, die Armut, die »Hässlichkeit« des Landes und des Regimes. Besonders über den Verfall der Gesellschaft und ihrer Werte war er entsetzt. Er erzählt von seinen Besuchen bei den Bauern im Nildelta. Die hätten sich auf widerliche Weise angebiedert, weil sie hofften, sie könnten von ihm profitieren. Gleichzeitig würden sie ihre Frauen schlechter behandeln als räudige Hunde. »Für ein ägyptisches Pfund sind die bereit, ihre Kinder totzuprügeln«, sagt Amr. Er entschied, politisch aktiv zu werden. »Meine Augen waren jetzt, zum ersten Mal in meinem Leben, ganz offen. Ich hatte verstanden, dass ich nicht alleine bin in Ägypten und ich bei all den Problemen der Menschen hier nicht nur für mich selbst arbeiten und leben kann. Bis zu diesem Zeitpunkt hasste ich Politik.«

Seit diesem Wendepunkt dreht er Filme über Themen, die ihn bewegen, die ihn wütend machen. Und Wut fände man in

Ägypten an jeder Straßenecke, vor allem die Wut der Jugendlichen, die ein anderes Ägypten wollen. Nach den Erfahrungen seines »Road Trips« war der Filmemacher kaum überrascht, als schließlich die Revolution ausbrach. Über den Prozess seiner Sinnsuche hat er ein in Ägypten mittlerweile bekanntes Buch geschrieben.

Asmaa, sein erster kritischer Spielfilm, beruht auf einer wahren Begebenheit. Das ruhige und fast poetisch inszenierte Werk handelt von einer HIV-infizierten Frau, die keinen Arzt für eine lebensnotwendige Gallenblasenoperation findet. In Wirklichkeit starb die junge Frau. Im Film nimmt die alleinstehende Mutter ihren ganzen Mut zusammen und offenbart schließlich als erste Betroffene in einer Talkshow ihr Leiden. AIDS und auch Homosexualität sind in Ägypten nach wie vor Tabuthemen. Drehbeginn des Films war das Jahr 2010, er wurde jedoch erst 2011, nach dem Sturz Mubaraks, fertiggestellt.

Im selben Zeitraum engagierte Amr sich politisch. Er suchte den Kontakt zu Mohammed el-Baradei, der nach zwölf Jahren als Leiter der Internationalen Atomenergiebehörde gerade in seine Heimat Ägypten zurückgekehrt war und eine liberale Oppositionsbewegung gegen das Mubarakregime gründete. Vielleicht mag Amr dessen weltliche Liberalität, weil er selbst aus einem Elternhaus mit extremen Meinungen kommt. Sein Vater ist überzeugter Nasserist, und seine Mutter stammt aus einer Familie, die die Muslimbrüder mitbegründet hat. »Wenn Nasser im Fernsehen zu sehen war, jubelte mein Vater, und meine Mutter schrie.« Gleichzeitig haben sich sowohl Nasseristen als auch Muslimbrüder immer wieder für soziale Gerechtigkeit stark gemacht.

Im Hause des Friedensnobelpreisträgers el-Baradei traf Amr auf die zukünftige Prominenz der jungen Revolutionäre Ägyptens, etwa auf Wael Ghonim, die »Ikone der Revolution«, wie die ausländische Presse ihn oft beschrieb. Wael organisierte die Facebook-Seite »Wir sind alle Khaled Said«, die er als Reaktion auf den Tod des jungen Bloggers, der von der Polizei vor einem Internetcafé in Alexandria misshandelt wurde, im Jahr 2010 gründete. Die Seite spielte eine entscheidende Rolle bei der Mobilisierung der Massen.

El-Baradei unter dem Mubarakregime zu unterstützen barg Risiken. Die Sicherheitsdienste verboten Amr, öffentlich über Politik zu sprechen, sonst könne er keine Filme mehr machen. Trotzdem war er seit Anbeginn der Demonstrationen auf dem Tahrir-Platz und filmte, oft mit seinem Smartphone. »Plötzlich dachte ich, die werden wohl eine Facebook-Gruppe ›Wir sind alle Amr Salama‹ gründen müssen.« Denn Amr wäre bei den Protesten fast totgeschlagen worden. »Die Polizei hätte dann irgendwas Absurdes behauptet, wie ich sei gestorben, weil ich mein iPhone heruntergeschluckt habe.« Amr versuchte am »Tag des Zornes«, so der Name der Massendemonstrationen am 25. Januar 2011, zum Tahrir-Platz zu gelangen. Der Platz war jedoch von behelmten Polizisten mit Schildern abgesperrt. Der Regisseur probierte, von einer Seitenstraße auf den Platz vorzudringen, als eine Polizeikontrolle mit Knüppeln auf die Demonstranten losstürmte. Auch er wurde von Polizisten umringt, die wild auf ihn einprügelten. Plötzlich stand ein Offizier vor ihm und sagte »Stopp«. Amr schöpfte Hoffnung, dann sprach der Mann weiter: »Hier sind Kameras, bring ihn woanders hin.« Der Filmemacher versuchte auf den

Offizier einzureden. »Kennen Sie mich? Ich bin Regisseur.« Das brachte den Offizier noch mehr in Rage. »Du glaubst wohl, du bist etwas Besseres. Wegen euch Hundesöhnen bin ich jetzt seit 72 Stunden auf der Straße im Einsatz! Schlagt ihn tot«, schrie der Offizier seinen Polizisten entgegen, »so tot wie den Mann da.« Er zeigte auf einen blutigen Körper in der Gasse. »Wenn ich wiederkomme, ist der tot.« In einen Hauseingang gezerrt, prügelten die Polizisten weiter wild auf ihn ein. Amr argumentierte in Todesangst um sein Leben: »Ich habe ein Auto, eine Wohnung, einen Beruf. Schaut auf meine Lederjacke. Die kostet mehr als euer Monatsgehalt. Wenn ich hier demonstriere, ist das für euch, für unser Land.« Ein Polizist erbarmte sich schließlich und sagte: »Renn, bevor der Offizier wiederkommt«, doch der kehrte schneller zurück als gedacht. Nun schlugen ihn die Polizisten noch brutaler, ließen aber wie durch ein Wunder schließlich von ihm ab. »Der Offizier ist einfach durchgedreht. Der konnte nicht mehr, der stand unter Drogen«, sagt Amr heute mit ruhiger Stimme. Er hat die Erfahrung des drohenden Todes natürlich nicht unbeschadet überstanden, insbesondere seelisch. Seine physischen Wunden wurden sofort in einer Privatpraxis behandelt. Der Filmemacher traute sich in kein Krankenhaus, aus Angst, verhaftet zu werden. An dem psychischen Trauma leidet er noch immer, hat Angstzustände. Bis zum Sturz Mubaraks verließ er das Haus nicht mehr, empfing jedoch pausenlos andere Revolutionäre und schrieb an seinem Blog und seinen Twitter-Feeds. »Die machten mich damals berühmter als meine Filme.« Über den Sturz Mubaraks hat er übrigens zusammen mit zwei weiteren jungen Filmemachern eine Kinodokumentation gedreht, die zahlreiche Preise gewann, unter anderem bei der berühmten Biennale in Venedig. Amrs Beitrag porträtiert Politiker aus dem engen Umfeld Mubaraks, deren Isolation, den totalen Realitätsverlust des Diktators und dessen Verzweiflung. »Bringen die mich jetzt um wie Ceaușescu?«, soll Mubarak gefragt haben. Der Film enthält auch einige tragikomische Szenen, wie etwa jene, in der sich der damals 82-jährige Diktator und die Bonzen seines Regimes Haare und/oder Bart schwarz färbten, um jünger zu wirken.

»Action«, sagt Amr mit halblauter Stimme, während er auf einen Monitor schaut. Er ist kurz aufgestanden, um eine Szene zu filmen, in der der kleine koptische Junge im Garten der Villa spielt. Nur leicht hat er die Bildeinstellung verändert und dann die Szene zur Sicherheit noch einmal gedreht. Nach nur fünf Minuten geht unsere Unterhaltung weiter.

Der Sturz Mubaraks erschien ihm wie die Erfüllung wilder Träume. Doch schnell trat die Ernüchterung ein. Den ursprünglich an der Revolution beteiligten Aktivistengruppen gelang es nicht, eine einheitliche Front zu bilden. Alle seien nur von den eigenen Interessen geleitet worden. Doch gerade bei so entscheidenden Entwicklungen sollte eigentlich das Gegenteil der Fall sein. Das Volk hätte sich unter Mubarak beschwert, doch in den zwei Jahren danach ein neues kollektives Trauma erlitten. Alte Wertvorstellungen und Verhaltensmuster seien zusammengebrochen. Die Wirtschaftslage und vor allem auch die Sicherheitslage hätten sich eklatant verschlechtert. Enttäuscht und deprimiert war Amr auch von seinem Hoffnungsträger Mohammed el-Baradei, denn auch er hätte es nicht geschafft, mit anderen Politikern eine gemeinsame Front gegen Islamisten und Militärs zu bilden. Aufgrund der Uneinigkeit aller progressiven Kräfte bestritten den zweiten Wahlgang der Präsidentschaftswahlen 2012 mit Ahmad Schafiq ein Kandidat der Armee und somit des alten Regimes und mit Mohammed Mursi ein Muslimbruder. Und nur deshalb hätte Mursi, wenn auch mit hauchdünner Mehrheit, gewinnen können. Über das knappe Wahlergebnis wiederum freute sich der Regisseur. Es hätte gezeigt, dass niemand Ägypten allein dominieren könne.

Am Ende seines Filmes *Asmaa* nimmt die HIV-positive Hauptdarstellerin an einer Talkshow mit dem Namen »Die Kochplatte« oder besser »Die heiße Kochplatte« teil. Ganz Ägypten stünde auf dieser Platte und würde überkochen, so beurteilt Amr die Lage – aber nicht nur in Ägypten. Er könne sich an keinen einzigen Tag in seinem Leben erinnern, an dem in der arabischen Welt nicht ein Krieg, eine Intifada – das arabische Wort für *Aufstand* – oder eine Revolution stattgefunden hätte. Seit seiner Geburt in den achtziger Jahren gab es schlimme Nachrichten aus Palästina. Dann kamen die Golf- und Irakkriege, damals lebte Amr noch im Nachbarland Saudi-Arabien, das von den Ereignissen im Irak direkt betroffen war. Vor allem der 11. September 2001 und der anschließende »Krieg gegen den Terror« hätten verheerende Folgen gehabt. Die Menschen in der arabischen Welt seien zu Geiseln proamerikanischer Diktatoren und extremistischer Islamisten geworden.

Doch schließlich ließ sich der Drang nach Freiheit und Selbstbestimmung nicht mehr eindämmen. Er führte zu den Umbrüchen in Tunesien, Ägypten, Libyen und im Jemen, zu dem gewaltsam niedergeschlagenen Schiitenaufstand in Bahrain und dem tragischen Bürgerkrieg in Syrien.

Die Wurzel der Gewalt und der anderen Übel in der arabischen Welt sei eine Kultur, in der alle glaubten, im Besitz einer absoluten Wahrheit zu sein. Jeder sei zu stolz auf die eigene Meinung, es gebe keine intellektuelle Bescheidenheit. Kaum jemand stelle sich in Frage. Propagandaslogans würden als unanfechtbares Wissen verkauft und von den Menschen auch als solches geglaubt.

Amr hofft, dass irgendwann dennoch die Vernunft siegt. Die politischen Ansichten des Filmemachers in Bezug auf Ägypten kommen denen einer Bewegung, die im Juli 2013 nach dem Sturz Mursis entstanden ist, sehr nahe – dem »dritten Platz«. Ein Platz, der nicht der Tahrir-Platz ist, auf dem die von den Militärs unterstützten Mursi-Gegner demonstrierten, und auch nicht der Platz vor der Rabaa al-Adawiya-Moschee, auf dem die Mursi-Anhänger die Wiedereinsetzung des gewählten Präsidenten forderten und über 600 Demonstranten getötet wurden. Amr möchte einen weltlichen Staat mit Bürgerrechten und einer starken, aufgeklärten Zivilgesellschaft. »Eine echte Revolution wäre, wenn es endlich einmal einen Anführer gäbe, der dem Volk zuhört und Kompromisse macht.«

Er ist sich bewusst, dass die Ereignisse in Ägypten eine Signalwirkung für die gesamte arabische Welt haben. Auch das ägyptische Kino ist einflussreich. Kairo galt jahrzehntelang als das »Hollywood am Nil«. Ägyptische Komödien und Dramen wurden in den Kinos und von den Fernsehsendern der gesamten arabischen Welt gezeigt. Von Mauretanien bis in den

Irak verstehen Araber den eigenwilligen ägyptischen Dialekt allein deshalb, weil sie Hunderte von Filmen und TV-Serien aus dem Land am Nil gesehen haben.

Kino wurde vor den Umbrüchen von 2011 auch als innenpolitisches Machtmittel benutzt. Die meisten Spielfilme waren patriotisch und hatten eine Kernaussage: Die herrschende gesellschaftliche und politische Ordnung ist die beste und muss bewahrt werden – Stabilität um jeden Preis. Doch seit Beginn dieses Jahrtausends entwickelte sich auch ein neues, selbstbewusstes Filmemachen. Amr ist nur einer von vielen kritischen Autoren. Ein gutes Dutzend ägyptischer Filmemacher produzierte bereits zu Mubaraks Spätzeit unter Umgehung der strengen Zensur sozialkritische Filme, die halfen, den Weg für die Umbrüche vorzubereiten. Für *Asmaa* wurde Amr 2011 beim Abu Dhabi Film Festival im Übrigen zum besten arabischen Regisseur gekürt. Amr glaubt, dass sich Ägypten auf dem richtigen, aber einem immens schwierigen Weg befindet. Es gebe kein Zurück mehr, im Zeitalter des Internets könne man kein Volk mehr einsperren – sagt er und twittert. Er möchte mit seinen Filmen vor allem eins: den Ägyptern die Augen öffnen, so wie sie ihm durch eine lange Sinnsuche geöffnet wurden. Den Satz »Das ist ein Ägypten, das wir nicht kennen« will er von seinen Landsleuten nicht mehr hören.

Ich bin auf der Rückfahrt nach Kairo in die Nähe des Tahrir-Platzes, dort, wo Amr viele positive, aber auch extrem traumatische Erlebnisse hatte. Er ist nicht der Einzige, vor allem Ägyptens Frauen erlebten hier Momente großer Hoffnungen und tiefster Enttäuschungen.

Kampf gegen Mobvergewaltigungen

Nihal, die Aktivistin

»Das war Utopia, das Wirklichkeit wurde. Ein wahrer Traum, Männer und Frauen waren hier völlig gleichberechtigt.« So beschreiben viele Aktivistinnen die Tage und Nächte der Proteste auf dem Tahrir-Platz im Januar und Februar 2011, die zum Sturz Mubaraks führten. Der *Platz der Befreiung* war für kurze Zeit auch der Platz der Frauenbefreiung. Die Ägypterinnen wurden endlich als den Männern ebenbürtig betrachtet. Doch aus dem Traum vom Tahrir wurde schnell ein Albtraum. Der Platz und die umliegenden Straßen im Stadtzentrum Kairos werden heute von vielen Frauen gemieden. Es sind Orte sexueller Übergriffe und auch von Vergewaltigungen.

»Auf einmal sind wir von Dutzenden Männern umringt worden, die immer wieder sagten: ›Wir helfen euch, wir helfen euch.‹ Aber wir brauchten gar keine Hilfe. Das war nur ein Vorwand«, erzählt die 27-jährige Ingenieurin und Informatikerin Nihal. Am Abend des 2. Januar 2012 war sie mit zwei Freundinnen und zwei Freunden auf dem Tahrir-Platz unterwegs, um in der nahegelegenen *Mohamed-Mahmoud-Straße* gegen die damalige Militärregierung und das erste Urteil im Mubarak-Prozess zu demonstrieren, das der Ansicht vieler Ägypter nach zu milde ausgefallen war. Der Männermob trennte die kleine Gruppe mit Gewalt, die männlichen Begleiter wurden verprügelt, einer von ihnen ausgeraubt. Nihal konnte sich hinter einem kleinen Kiosk verstecken. »Einige Passanten konnten einer meiner Freundinnen helfen, indem sie eine Menschenkette um sie bildeten und sie so in einem kleinen bescheidenen Kaffeehaus in Sicherheit brachten. Meine zweite Freundin konnte nicht beschützt werden. Sie wurde in eine kleine Gasse geschoben, ausgezogen und vergewaltigt.« Nihal benutzt ein schreckliches Wort, das in Ägypten die Runde macht: Fingervergewaltigung. Männer schieben ihre Finger in die Vagina einer Frau. Von der Gasse wurde Nihals Freundin in einen Hauseingang gestoßen, wo die Übergriffe weitergingen. Ihre Tortur nahm erst ein Ende, als ein Hausbewohner mit einem Knüppel auf ihre Peiniger losging.

Nihal erzählt die Ereignisse mit monotoner Stimme, als wüsste sie, dass sie schreckliche Geschichten erzählen muss, nicht aus psychologischen Gründen, um sich zu befreien, sondern weil dies Teil ihrer sich selbst gestellten Aufgabe als Aktivistin gegen sexuelle Belästigungen und Übergriffe ist. Nihals Familienname lautet Saad Zaghloul – ein legendärer Name. Zaghloul war ein Held der ägyptischen Unabhängigkeitsbewegung und Führer der sogenannten ersten ägyptischen Revolution Anfang der zwanziger Jahre des letzten Jahrhunderts. Nihal ist mit dem ehemaligen Premierminister nicht verwandt, er hatte keine Kinder – doch der Name macht neugierig und hilft ihr bei ihrer Mission.

Nihal sitzt in ihrem kleinen, weiß gestrichenen, kargen Büro der Organisation *Soliya*, deren Name aus dem lateinischen Wort *sol* für Sonne und einem alten arabischen Wort für Licht, *iya*, besteht. Das Universitätsnetzwerk will in den USA, Europa und im Nahen Osten den kritischen, interkulturellen Dialog zwischen Studenten fördern und nutzt dazu vor allem New-Media-Technologien. Deshalb arbeitet Nihal hier als IT-Managerin. Das Büro befindet sich in dem immer noch seinen kolonialen Namen tragenden Viertel *Garden City*, das südlich des Tahrir-Platzes am Nilufer liegt.

Garden City ist ein wichtiger Ort für die Geschichte der ägyptischen und arabischen Frauenrechte. Hier lebte Hoda Sharaawi, die erste ägyptische und arabische Aktivistin. Sie legte 1922 als erste ägyptische Frau öffentlich und unter dem Applaus der anwesenden weiblichen Landsleute den Schleier ab. Hoda Sharaawi war eine der Ersten in einer langen Liste von Frauen, aber auch Männern, die sich für die Frauenrechte in Ägypten eingesetzt haben. Hodas im feinsten Jugendstil eingerichtetes, mehrere hundert Quadratmeter großes Apartment ist immer noch zu besichtigen. Heute beherbergt es einen exklusiven Privatklub für Ägyptens weltliche Intelligenzija. Seit den Tagen, als sich die aristokratische Pionierin für die Emanzipation stark machte, hat sich die ägyptische Gesellschaft sehr verändert. In den letzten drei Jahrzehnten haben mehr Frauen Kopftücher und sogar Schleier angelegt als abgelegt. Trotzdem hat Ägypten in Sachen Frauenrechte extreme Fortschritte gemacht. Frauen stellen die Mehrheit der Universitätsabsolventen, sie sind in fast allen Berufen vertreten und in den meisten Regierungen präsent. Selbst einige Kader der Muslimbrüder sind Frauen. In den Medien, allen voran im Fernsehen, spielen sie eine prominente Rolle. Ein spektakulärer Auftritt, der die Scheinheiligkeit eines fanatischen Islamisten entlarvte und über YouTube im ganzen Land verbreitet wurde, ist der Starjournalistin Riham Said zu verdanken. Während einer live ausgestrahlten Talkshow nahm sie das Kopftuch, welches ihr ein extremistischer Prediger als Bedingung für seine Teilnahme an der Sendung aufgezwungen hatte, wieder ab, als dieser erklärte, die sexuelle Belästigung und die in Ägypten immer noch weit verbreitete Genitalverstümmelung von Frauen seien keine wichtigen politischen Themen. Dann enthüllte sie, dass der Salafist vor der Sendung keine Probleme hatte, mit Frauen ohne Kopfbedeckung zu sprechen, und für seine Teilnahme an der Show das Monatsgehalt eines Durchschnittsägypters gefordert und erhalten habe. Der Prediger machte sich vollkommen lächerlich, als er zu toben begann und drohte, den Sender verbieten zu lassen. Die elegante Moderatorin verließ gelassen vor laufender Kamera das Studio und ließ den Fanatiker verdutzt und brüskiert allein zurück.

Aber es sind vor allem Hunderte von Graswurzelaktivisten und nicht mehr nur bourgeoise oder gar aristokratische Aktivistinnen wie Hodah Sharaawi, die versuchen, die ägyptische Gesellschaft zu verändern. Viele Frauen Ägyptens wollen verhindern, dass in Sachen Gleichberechtigung Rückschritte gemacht werden. Gründe, dies zu fürchten, gibt es genug. Die Frau des ehemaligen Diktators Husni Mubarak hatte eine ganze Reihe von Gesetzen zur Gleichberechtigung vom Parlament verabschieden lassen, etwa eine Frauenquote im Abgeordne-

Selbstbewusste junge ägyptische Frauen in einem Kaffeehaus in Kairo

tenhaus und das Recht der Frau, die Scheidung einzureichen. Mubaraks Frau war jedoch im Volk verpönt – ein Grund mehr, die unter ihrem Vornamen bekannten »Suzanne-Gesetze« nach dem Sturz ihres Mannes wieder abzuschaffen. Außerdem hat die verfassungsgebende Versammlung, die nach dem Regimewechsel mehrheitlich aus Muslimbrüdern und Salafisten bestand, ihrerseits keinen Artikel zur Gleichberechtigung der Frauen in die neue Konstitution aufgenommen. Nihal hofft, dass sich dies durch die ab September 2013 erneut überarbeitete Verfassung ändern wird.

Die junge Aktivistin mit dem runden Gesicht trägt übrigens auch ein Kopftuch, ein sehr schickes himmelblaues, passend zu ihrer Bluse. »So fühle ich mich näher bei Gott«, erklärt sie. Die Versuche vieler Islamisten, Frauen ihre Kleidung aufzuzwingen, findet sie jedoch unerträglich. Sie erzählt von einem Zeitungscartoon, der einen langbärtigen radikalen Prediger zeigt, der gegen das Tragen von Bikinis an den Stränden des Landes wettert. Sein gelangweiltes Publikum sind Bettler, Kranke und sehr arme Menschen, womit der Karikaturist auf die chronische Armut und Misere Ägyptens anspielt. »So absurd sind diese Fanatiker. Das Land und seine Menschen zerbrechen an riesigen Problemen, und die Islamisten beschäftigen sich mit Bikinis«, sagt Nihal. Ihr Beispiel zeigt, dass gerade die westlichen Medien irren, wenn sie die Anzahl der Frauen, die in einer muslimischen Gesellschaft Kopftücher oder Schleier tragen, in ein Verhältnis zu dem Grad ihrer Emanzipation setzen. Doch das wäre das Thema eines eigenen langen Essays, bei dem es dann um Identität, Religion, Emanzipation, aber natürlich auch um Unterdrückung ginge. Nihal, egal ob mit oder ohne Kopftuch, ist emanzipiert. Sie definiert sich selbst als Menschen- und nicht als Frauenrechtlerin. Allen Menschen, ob arm oder reich, ob Frauen oder Männern, müsse endlich der gleiche Respekt entgegengebracht werden. Dies sei ihr Traum von Ägyptens Zukunft.

Schon vor der Revolution engagierte sie sich für die sozial Schwachen. »Mein Vorbild ist meine Großmutter, die hat immer versucht, sich für karitative Zwecke einzusetzen. Und meine Mutter, die als Projektdirektorin bei der Internationalen Arbeitsorganisation der Vereinten Nationen versucht, die Jugendarbeitslosigkeit im Land zu verringern.« Nihal war jedoch trotz ihres sozialen Engagements kaum politisch aktiv. Sie hatte lange Angst und verlor diese erst während des Aufstands gegen Mubarak. Die Willensstärke anderer Frauen bei den Demonstrationen beeindruckte sie: »Seitdem weiß ich, dass auch ich etwas bewirken kann. Auch gewöhnliche Menschen können ungewöhnlich viel erreichen.«

Nihal hat nach der traumatischen Sexualattacke auf dem Tahrir-Platz den Verein *Bassma*, auf Deutsch *Prägung*, gegründet. Es ist ein relativ neutraler Name für eine Organisation, die versucht, gegen sexuelle Belästigungen und Gewalt vorzugehen, doch Nihal will die ägyptische Gesellschaft wirklich verändern, sie in ihrem Sinne »prägen«. Zwei Tage nach ihren eigenen schrecklichen Erfahrungen, die sie bis heute verfolgen, schrieb Nihal sich in einem Blog mit dem Titel »Ich fühle mich teuflisch« ihren Zorn von der Seele. Doch das reichte nicht. Einen Monat später saß sie mit einem Freund in einem Café in Kairos prunkvollem, Ende des 19., Anfang des 20. Jahrhunderts erbautem, aber inzwischen heruntergekommenem Stadtzentrum. *Al Borsa*, die Börse, heißt das in Börsennähe gelegene Café. Es ist nicht irgendein Café, sondern der pulsierende Treffpunkt für junge politische Aktivisten. Nihal rauchte Wasserpfeife und sagte nur: »So kann das nicht weitergehen«, denn inzwischen war es zu Vergewaltigungen durch ganze Männerscharen gekommen. Ihr Freund Hassan, ein junger Zahnarzt, und Abdel Fatah, ein Bauingenieur, stimmten ihr zu, waren sich aber nicht klar darüber, was genau getan werden könne. Das große Fest, das *Eid al Fitr* zur Feier des Fastenmonats Ramadan, stand bevor. Ein Tag, an dem besonders viele Angriffe auf Frauen erfolgen, da sich ganz Kairo auf den Straßen tummelt.

Viele Ägypter und Ägypterinnen sind davon überzeugt, dass die Gewalt des Mobs gegen Frauen politische Hintergründe hat, dass Vergewaltigungen gezielt als politische Waffe eingesetzt werden, um politische Gegner einzuschüchtern und um zu verhindern, dass Ägyptens Frauen an Massenkundgebungen teilnehmen. Und um sie gleichzeitig zu diskreditieren, nach dem Motto: Warum treiben sich Frauen bei den Demos so spät nachts auf der Straße herum. Dass vor allem Anhänger des Mubarakregimes und der Oberste Militärrat diese grausame Taktik benutzt haben, ist alles andere als auszuschließen. Zudem rechtfertigten die Militärs, so der jetzige stellvertretende Ministerpräsident und Verteidigungsminister Abd al-Fattah as-Sisi, Jungfrauentests an festgenommenen Aktivistinnen mit der fadenscheinigen Begründung, die Armee wolle vermeiden, dass ihre Soldaten ungerechtfertigterweise der Vergewaltigung beschuldigt würden. Für Nihal handelt es sich hier in Wirklichkeit um äußerst brutale Einschüchterungsversuche.

Doch das gigantische Ausmaß der sexuellen Aggressionen und Belästigungen kann nicht alleine durch politische Beweggründe erklärt werden. Die Ursachen sind vor allem in einer Kultur oder besser einer Unkultur von Gewalt und Straflosigkeit zu suchen. 99,3 Prozent aller ägyptischen Frauen sind nach einer gemeinsam von der UNO und ägyptischen Forscherinnen herausgegebenen Studie bereits einmal sexuell belästigt worden, 97 Prozent davon physisch. »Du bist so schön wie der Mond« oder »Du Honig«. Oftmals beginnen die Belästigungen zunächst mit Äußerungen, die in anderem Kontext als klassische ägyptische Komplimente gewertet werden können. Dann wird der Ton jedoch schnell aggressiver: »Komm mit mir, ich zeig dir, was ein echter Mann ist. Ich zeig dir mal, was ich kann.« Schließlich kommt es zu physischen Übergriffen. Männer sind im Übrigen ebenfalls Opfer anderer Männer und von den sexuellen Belästigungen nicht ausgenommen.

Die Vergewaltigungen und sexuellen Aggressionen sind keine Phänomene, die erst nach der Revolution 2011 entstanden. Bereits 2005 tauchten erste Berichte über sexuelle Gewalt durch den Mob in der Innenstadt von Kairo auf. Die damalige Mubarak-Regierung versuchte, diese als Einzelfälle herunterzuspielen. Nach dem Sturz Mubaraks vermehrten sich die Übergriffe, denn auf den Straßen der Metropole waren kaum noch Sicherheitskräfte präsent. Zugleich eroberten vor allem junge Männer der sozial schwachen Klassen die Innenstadt. Preiswerte Straßencafés wurden selbst auf den Gehwegen der Nilbrücken aufgemacht. Fliegende Händler an provisorischen Ständen bieten allerlei Zuckerwerk, Erdnüsse und Getränke an. Von hier lässt sich das bunte Treiben der Motorboote mit ihren Neonröhren und ihrer lauten Musik und der Feluken, der traditionellen ägyptischen Segelboote, auf dem Strom besonders gut beobachten. Mehr Menschen, mehr Übergriffe lautet hier die traurige Formel.

Lange Zeit wurden von Politikern aller Lager, aber insbesondere von den Muslimbrüdern, den Beamten des Sicherheitsdienstes und den Militärs, die Frauen selbst für die Attacken verantwortlich gemacht. Es wurde behauptet, sie würden sich einfach nicht züchtig genug anziehen und die Männer provozieren. An diese peinlichen und machistischen Begründungen glauben jedoch selbst die Ägypter kaum noch. Ein Reporter einer bekannten Fernsehsendung verkleidete sich als Frau und flanierte durch Kairos Innenstadt, um die unangenehmen Erfahrungen, die Frauen, gleichgültig ob in westlicher Kleidung, mit Kopftuch oder Totalverschleierung, dem *Niqab*, machen, nachzuvollziehen. Er wurde dutzende Male belästigt. Was ist der Grund für die Angriffe des Mobs, will ich von Nihal wissen? »Hauptursache ist nicht sexuelle Frustration«, sagt sie in Übereinstimmung mit den meisten Aktivisten, obwohl man dies in einem Land zunächst annehmen könnte, in dem außerehelicher Sex für die meisten unmöglich ist und Hunderttausende junger Menschen aus Geldmangel nicht heiraten können. Es gehe vielmehr um Macht. Die ägyptische Gesellschaft ist extrem hierarchisch, in ihr wird stets nach unten getreten. Menschen, die selbst unter ständiger Unterdrückung leiden, versuchen ihre Aggression gegenüber Personen auszuleben, die sie als noch schwächer empfinden, zumeist Frauen, um durch Gewalt selbst ein gewisses Machtgefühl zu bekommen und gleichzeitig soziale Barrieren aufzubrechen. Verstärkt wird dies dadurch, dass sich die Gesellschaft selbst enorm verändert hat. Viele Männer stecken in einer Identitätskrise, die klassische Rollenverteilung ist zusammengebrochen. In knapp einem Drittel der Haushalte ernähren die Frauen die Familie. Oftmals geben die Peiniger sogar mit ihren Taten vor Freunden an: »Schau mal, wie ich das Mädchen angemacht habe – echt cool.« Die für die Gewalt verantwortlichen Männer kommen aus allen Gesellschaftsschichten und Altersgruppen – auch wenn Männer unter 30 Jahren aus der unteren Mittelschicht die Mehrheit stellen.

Nach dem ersten Treffen in dem Café an der Börse brauchten Nihal und ihre Freunde noch sechs Monate, um eine ihnen sinnvoll erscheinende Strategie gegen die massiven sexuellen Übergriffe zu entwickeln und *Bassma* zu gründen. Sie haben es sich zur Aufgabe gemacht aufzuklären, aber auch abzuschrecken, ohne neue Fronten zwischen Frauen und Männern zu bilden. Ort der ersten Aktion war eine Metrostation in der Nähe des Hauptbahnhofes, die einst den Namen *Mubarak* trug, aber im Gedenken an die bei seinem Sturz getöteten Demonstranten in *Märtyrer* umbenannt wurde. Auch wenn in Kairos U-Bahn die Waggons eigentlich in Männer- und Frauenabteile getrennt sind, kommt es auch dort immer wieder zu Übergriffen, da Männer versuchen, in den Frauenabteilen Platz zu nehmen. Hier patrouillierte Nihal zunächst mit einer Gruppe von sechs Freiwilligen und einem Polizisten. Die Freiwilligen sprechen Männer und Frauen gleichermaßen an und erklären sehr didaktisch, warum es so wichtig ist, sexuelle Belästigungen oder schlimmere Angriffe nicht einfach hinzunehmen. Werden die Aktivisten selbst Zeugen oder Opfer von Übergriffen, umringt die Gruppe den Täter und stellt ihn zur Rede. Eines der wichtigsten Elemente des Konzepts von *Bassma* ist die intensive Zusammenarbeit mit der Polizei. Auch wenn diese einen schlechten Ruf hat und lange nicht genug gegen die verbale und körperliche Gewalt gegenüber Frauen unternommen hat, so lag dies nicht nur am fehlenden Willen. »Viele Offiziere haben einfach nicht verstanden, wie man diesen Belästigungen etwas entgegensetzen kann, und das Ganze nicht richtig ernst genommen, da die Frauen sich kaum getraut haben, ihre Peiniger anzuzeigen«, berichtet Nihal. Doch als ihre Freunde Hassan und Abdel Fatah zum ersten Mal auf einer Polizeiwache vorsprachen und ruhig und sachlich die Notwendigkeit erklärten, dringend etwas zu unternehmen, und dabei immer wieder betonten, dass ja auch die Polizisten Schwestern, Mütter und Ehefrauen hätten, fanden sie schließlich Gehör bei einigen Polizeioffizieren. Zum einen wollten die Sicherheitskräfte den jungen Aktivisten nicht einfach das Feld überlassen, um dann als untätig kritisiert zu werden. Zum anderen hatten die Polizisten das Gefühl, etwas tun zu können, was sie beim Volk wieder etwas beliebter machen könnte. Waren es anfänglich nur etwa 25 Freiwillige und ein Polizist, wuchs *Bassma* in wenigen Wochen zu einer Organisation mit mehreren hundert Freiwilligen. Gleich zwölf Polizisten begleiten die Aktivistentruppe bei ihren Einsätzen im Stadtzentrum. Sie halten sich zunächst im Hintergrund, bis die Gruppe einen Verdächtigen identifiziert hat.

»Die Männer streiten zunächst alles ab, behaupten, sie hätten den Frauen lediglich Komplimente gemacht, und werden, mit den Tatsachen konfrontiert, schnell aggressiv«, berichtet Nihal. Auch sie wurde schon mit einem Messer bedroht. Die anwesenden Polizeikräfte verhafteten den Mann. Allein das Mitführen von Stichwaffen wird in Ägypten theoretisch mit mehreren Wochen Gefängnis bestraft. Frauenrechtlerinnen fordern neue Bestimmungen gegen sexuelle Belästigungen und Vergewaltigungen – dabei existieren bereits extrem harte und teilweise vielleicht sogar zu harte Gesetze. Vergewaltigung kann nach ägyptischem Recht mit dem Tod bestraft werden. Generell werden die Gesetze jedoch viel zu selten angewendet, vor allem wenn das Vergehen als minderschwer angesehen wird.

Nihal weiß, dass sie und ihre Gruppe die sexuellen Übergriffe nicht wirklich stoppen können. Das wird Jahre dauern. Zumindest aber seien durch die Aufklärungskampagnen sowie die wesentlich größere Redefreiheit seit dem Beginn der Umbrüche immer mehr Frauen bereit, ihre Peiniger anzuzeigen, und dies nicht nur in Kairo, sondern im ganzen Land. »Endlich gibt es eine öffentliche Debatte, an der auch Frauen teilnehmen«, sagt Nihal. Das ist natürlich nicht nur der von ihr gegründeten Initiative zu verdanken, inzwischen gibt es zahlreiche solcher Gruppen, in denen Ägyptens Frauen eine wichtige Rolle spielen. Eine dieser Initiativen, *Harras Map*, die »Belästigungskarte«, sammelt durch Crowdsourcing die Übergriffe auf Frauen überall im Land und dokumentiert sie auf einer Karte. Die lange untätigen Sicherheitskräfte können sich somit nicht mehr mit angeblicher Unwissenheit herausreden.

Nihal selbst hat in ihrem jungen Leben schon viel für sich, aber auch für ihr Land erreicht. Trotzdem hat sie noch große

Pläne. Sie möchte einen zweiten Master- oder einen Doktortitel erwerben, und zwar im Bildungsbereich. Ägypten, meint sie, brauche Menschen, die anderen Menschen kritisches Denken und gleichzeitig friedliche Konfliktlösungsmodelle beibringen. Sie wurde an einer Universität in New York angenommen und sucht gerade nach einem Stipendium, um das Auslandsstudium zu finanzieren. Aber vorher möchte sie sich noch ausruhen – dazu fährt sie in den Süden des Sinai an einen einfachen Strand mit ein paar Hütten unter Palmen. Ganz früh am Morgen geht sie schwimmen, wenn niemand am Meer ist. Dann nimmt sie ihren Schleier ab. Ansonsten hört sie in einer Hängematte liegend arabische Undergroundmusik, z. B. von libanesischen Songwritern. »Ich wollte die Welt verändern, aber ich weiß nicht, wie die Welt mich verändert« ist einer ihre Lieblingstexte.

Nihal hat bei der zweiten Revolution und der *Tamarod*-Bewegung, die mit Hilfe der Militärs zum Sturz Mursis geführt hat, nicht teilgenommen. Sie steht ihr mit gemischten Gefühlen gegenüber. Die Muslimbrüder mag sie nicht, fürchtet aber, dass die Absetzung Mursis zur weiteren Spaltung des Landes beiträgt. »Die politischen Gruppen verteufeln sich gegenseitig, das kann ich nicht gutheißen, genauso wenig wie all die Gewalt.« Sie hatte auf eine Lösung durch einen Urnengang gehofft. Zudem hat sie als Frau sehr schlechte Erfahrungen mit der Armee gemacht. Die Militärs seien repressiv und frauenfeindlich. Ihren Optimismus kann man Nihal trotz der schwierigen Lage in Ägypten nicht nehmen. »Morgen wird alles besser«, sagt sie, »und damit meine ich nicht morgen, sondern die Zukunft.«

Held, Opfer und Täter

Mohamed, der Polizist

Mohamed, ein gepflegter junger Mann mit adrettem kleinem Oberlippenbart und eng anliegendem modischem Baumwollhemd, ist ein Held. Zumindest wird er von den ägyptischen Medien, ob Zeitungen oder Fernsehen, als ein solcher gefeiert. Dies ist eher selten für einen Polizisten, denn die Ordnungshüter sind bei Ägyptern oftmals wegen ihrer brutalen Methoden verhasst. Daran haben auch die neuen Schriftzüge *Die Polizei im Dienste des Volkes* auf den blauen Polizeiwagen nichts geändert. Gleichzeitig beschwerte sich das gesamte Volk darüber, dass kaum noch Polizisten in der Öffentlichkeit zu sehen seien. Dies kann man von Mohamed, der gerade dreißig Jahre alt wurde, nicht behaupten. Er ist auch außerhalb seiner Dienstzeiten, wenn er seine gepflegte weiße Uniform abgelegt hat, auf den Straßen des 20-Millionen-Molochs Kairo unterwegs. Abends fährt Mohamed das Familientaxi. 1200 Ägyptische Pfund, rund 110 Euro Sold, reichen kaum aus, um seine Doppelfamilie zu ernähren; Mohamed hat zwei Frauen und drei Kinder. Sie sind drei, acht und zwölf Jahre alt;

zwei Jungen und ein Mädchen. Von seiner ersten Frau hätte er sich scheiden lassen können, doch eine vom Gesetz tolerierte Vielehe schien der einfachere und weniger aufwendige Weg zu sein. Seine erste Frau wohnt jetzt bei seinen Eltern, mit seiner zweiten teilt er sich eine kleine Drei-Zimmer-Wohnung. »Das gab natürlich anfänglich Ärger, aber jetzt haben alle eingesehen, dass es das Beste ist.«

Seine Heldentat im Frühjahr 2013: Mohamed wartet abends mit seinem Taxi im Kairoer Bezirk *Dokki* in einer mehrere hundert Meter langen Schlange vor einer Tankstelle auf das bisher günstigste, nach wie vor vom Staat trotz Devisenmangels subventionierte 80-Oktan-Benzin – auch einfach *Achtzig* genannt. Er will sein Taxi noch mal volltanken, bevor er seine Arbeit als Polizist an einem »Checkpoint«, an der *Straße zum Schloss des Nils*, einer der Hauptverkehrsadern Kairos, beginnt. Nach einer Stunde des Wartens will er aufgeben und fährt aus der langen Schlange heraus, als er plötzlich Schüsse hört. Mehrere Männer mit kurzen Schrotflinten rennen aus der Tankstelle, schießen in die Luft und versuchen zu flüchten. Insgesamt sind es sechs Männer auf drei Motorrädern. Ohne zu zögern, nimmt Mohamed die Verfolgung auf – und wird beschossen. Seine eigene Dienstwaffe ist Zierde – die mehrere Jahrzehnte alte Pistole sowjetischer Herstellung funktioniert schlicht nicht. »So ist es eben bei unserer Polizei«, kommentiert der junge Mann lakonisch. Aber Mohamed hat eine andere Waffe: sein Auto. Der zukünftige Held gibt Vollgas, als sich eines der Motorräder quer stellt, damit der Beifahrer auf ihn schießen kann. Für Mohamed steht fest: Das, was jetzt folgt, werden die Räuber nicht überleben. Er gibt Gas, hört seinen

Ein Polizist in Sommeruniform im Herzen Kairos

Motor aufheulen, dreht seinen Kopf zur Seite; er möchte das nicht mit ansehen. Dann rammt er das Motorrad mit voller Wucht, knallt auf den hohen Bordstein, überschlägt sich und begräbt die Verbrecher unter sich. Die Fahrer des zweiten Motorrads versuchen unterdessen, sich des Autos einer Gruppe junger Männer und Frauen, die gerade ein Restaurant verlassen, zu bemächtigen, werden jedoch von Passanten trotz Schusswaffengebrauchs außer Gefecht gesetzt. Die beiden Männer auf dem dritten Motorrad entkommen. Als Polizist Mohamed das erste Motorrad rammt, fliegen die Beutesäcke in die Luft. Es regnet Geldscheine, und die umstehenden Passanten reißen sich darum. Der Tankstellenbesitzer bekommt nur einen Bruchteil seines Geldes zurück.

Mohameds Belohnung ist ein Händedruck vom ägyptischen Vize-Innenminister. Ein Ermittlungsverfahren wegen seiner mehr als ungewöhnlichen Polizeimethoden wird nicht eingeleitet. Hauptsache, ein paar Verbrecher sind unschädlich gemacht worden. Der Totalschaden seines Fahrzeugs wird dem Helden nicht erstattet. Das Ministerium, das laut Mohamed selbst gute Werkstätten für die Dienstfahrzeuge des Ministers, der Staatssekretäre und der Polizei besitzt, will sein Fahrzeug dort auch nicht reparieren lassen. Der Tankstellenbesitzer hatte ihm zwar Hilfe versprochen, doch als ihm die Größe des Schadens bewusst wird, muss sich Mohamed mit der höflichen Entschuldigung »Ich habe auch kein Geld« zufriedengeben. Kfz-Versicherungen existieren in Ägypten kaum. Mohamed fragt sich, ob er jemals wieder so handeln würde. Wäre es nicht besser, mit dem eigenen funktionierenden Taxi die Familie zu ernähren, als ein brotloser Held zu sein? Außerdem hätte ihn die Verfolgung ja sein Leben kosten können. »Die Leute sagen: Du bist ein Held. Mir ist das egal, ich sag nur: Gott sei Dank, ich hab das überlebt. Das Problem ist, dass die Familie einer der Verbrecher nur drei Straßen entfernt von mir lebt. Vielleicht wollen die irgendwann Rache.«

Der Unteroffizier – in Ägypten haben alle Polizisten, obwohl sie dem Innenministerium unterstehen, militärische Ränge, vom Soldaten bis zum General – erzählt seine Geschichte recht entspannt und ohne Groll in einem Café am Nil auf der Reicheninsel Zamalek im Herzen Kairos. Mohamed freut sich, in diesem Café sitzen zu dürfen, denn das ist erst seit der Revolution 2011 möglich. Vorher durften Polizisten in ihrem Arbeitsgebiet selbst in Zivil nicht ausgehen. So wollten die leitenden Beamten des Innenministeriums zumindest ein wenig die Korruption eindämmen. Denn nicht zu Unrecht wurde angenommen, dass Polizisten in ihrem Revier weder für einen Kaffee noch für eine Mahlzeit zahlen und größere Schmiergelder für Gefälligkeiten, wie etwa die Gängelei von Konkurrenten ihres jeweiligen Stammcafés, aushandeln würden.

Hätte Mohamed vor den Umbrüchen inmitten der schicken Jugend von Kairo auch nur eine Limonade getrunken, wäre von seinen Chefs sofort eine Disziplinarstrafe gegen ihn verhängt worden, und dies ohne die Möglichkeit irgendeines Einspruchs. Beschwerden gegen die Willkür der Offiziere waren damals unmöglich, man durfte sich nur an seinen direkten Vorgesetzten wenden. Wurde dieser übergangen, dann wurde man, egal ob eine begründete Beschwerde vorlag oder nicht, selber bestraft. Generell sei der Druck der eigenen Hierarchie auf die Polizisten gigantisch gewesen. »Wenn vor der Revolution ein vorgesetzter Offizier sagte, wir brauchen Vogelmilch, dann wurde die geholt.« Vogelmilch ist in Ägypten ein beliebtes Wort für etwas völlig Unmögliches. »Die haben einfach gefordert: Bringt mir Drogen oder Stichwaffen und irgendeinen der üblichen Verdächtigen. Dann haben wir wenigstens ein paar Verhaftungen vorzuweisen. Ich habe da nicht mitgemacht, viele andere schon«, behauptet er. Am meisten litten die einfachen »Soldaten«. Junge Wehrpflichtige, die ihren Militärdienst bei der Polizei für einen Sold von unter 30 Euro im Monat leisten. »Die durften nicht einmal ohne die Erlaubnis ihrer Offiziere pinkeln gehen.« Zumeist stammen sie, wie Mohamed, aus Bauernfamilien aus Oberägypten, können jedoch im Gegensatz zu ihm kaum lesen und schreiben.

Mohamed zieht hektisch an seiner Zigarette, es ist die zehnte in knapp vierzig Minuten, und fährt fort. Die Polizei sei vom Mubarakregime missbraucht worden, während die Armee damals aus der innenpolitischen Drecksarbeit herausgehalten wurde und deshalb beliebter gewesen sei. In dessen letzten Jahren seien sämtliche politischen Konflikte, egal ob die Unzufriedenheit der Arbeiter, Studentenproteste oder Demonstrationen gegen die US-Intervention im Irak, nicht mehr politisch gelöst, sondern nur mit Hilfe der Polizei unterdrückt worden. Dies sei zwar jetzt ein wenig besser geworden, trotzdem könne er der sogenannten Revolution von 2011 kaum etwas abgewinnen, denn das Land würde seitdem im Chaos versinken. Die einfachen Polizisten seien weiterhin die Opfer des Systems, ungebildete Bauernsöhne, die versuchten, ihre Befehle auszuführen. Überhaupt hätten sie sich während der damaligen Proteste, bei denen 846 Demonstranten starben, selbst gegen eine hysterische Menge verteidigen müssen.«»Die Zentralen Sicherheitsgruppen, die *Amn al-Markazy*, Sondereinheiten der Polizei, haben sich selbst verteidigt, und manche Polizisten haben im Einsatz schlicht überreagiert. Das sind eben ganz einfache Wehrpflichtige. Wenn einer ihrer Kameraden von Demonstranten schwer verletzt wird, dann rasten die aus.« Mohamed selbst kam während der Massenproteste nicht zum Einsatz. Er hatte lediglich in seiner Polizeiwache ausgeharrt. Als klarwurde, dass die Wache irgendwann vom aufgebrachten Volk gestürmt werden würde, sei er einfach nach Hause gegangen. Die Wache wurde schließlich niedergebrannt.

Der Unteroffizier trinkt von seinem frisch gepressten Limettensaft und holt aus: Er möge seinen Beruf; im Gegensatz zu vielen Polizisten, die ihre Arbeit nur verrichten würden, um kleine Bestechungsgelder, wie etwa bei Strafzetteln, oder die ganz großen, beispielsweise zur Vereitlung von Gefängnisstrafen, zu erhalten, mache er seinen Job aus Überzeugung. Er möge sogar die Verbrecher in gewisser Weise. Viele von ihnen kenne er, da er wie sie in einem Slum aufgewachsen sei. Nur hätte er sich für den richtigen Weg entschieden. Er ermittle gerne, vor allem bei schweren Straftaten, die auch häufig zu seinem Aufgabengebiet gehören. Meine Frage nach Schlägen und Folter auf Polizeiwachen schockiert ihn nicht. Natürlich würde man »mit Strom arbeiten«. Gemeint ist die Folter mit Stromschlägen, häufig an den Genitalien. Wie sonst solle man denn ermitteln, fragt er unverhohlen: »Wie macht man das denn in Europa?« Die Antwort, dass dies natürlich streng verboten sei und Polizisten sich bei der Anwendung von Folter strafbar machen würden, lässt den jungen Mann staunen. »Wir schlagen ja nicht irgendjemanden. Dir könnte das hier ja gar nicht passieren, denn vorher holen wir Aussagen ein. Von Menschen, denen wir vertrauen, Zeugen eines Verbrechens, ehrenwerten Menschen oder von guten Informanten. Wir wissen schon, wer ein Schwerverbrecher ist. In einem Fall wollten die Komplizen eines Chauffeurs, der seinem Dienstherrn über eine Million Euro gestohlen hatte, ganz schnell nach Oberägypten flüchten und dort untertauchen. Es musste also ganz schnell gehen. Wir haben sie alle geschnappt, weil wir einen von ihnen zum Reden gebracht haben. Da darf man nicht zimperlich sein.«

Mohamed betont, dass er selbst eine ganz harmlose, humane Methode zur »Geständnisförderung« anwendet. Er trinkt wieder einen Schluck Limettensaft. »Ich binde den Tätern hinter dem Rücken die Hände und einen Fuß zusammen. Das halten die höchstens zwei, drei Stunden aus, dann reden sie.« Elektroschocks seien außerdem inzwischen zumindest offiziell verboten. Natürlich gebe es auch einige sadistische Polizisten oder solche, die es schlicht übertrieben. Etwa die, die den jungen Blogger Khaled Said im Jahre 2010 vor einem Internetcafé in Alexandria zusammengeschlagen hatten. Der Fall löste landesweit Entsetzen aus und war einer der Gründe für die Proteste, die schließlich zum Umsturz am Nil führten. Mohamed ist im Gegensatz zum Großteil der ägyptischen Jugend davon überzeugt, dass Khaled Said nicht an den brutalen Schlägen starb, die sein gesamtes Gesicht entstellten, sondern weil er vor dem extrem brutalen Zugriff der Polizei versucht habe, ein Päckchen Haschisch zu schlucken. Dies hätten schließlich die Gerichtsmediziner bestätigt. Zudem seien die beiden gewalttätigen Polizisten ja nur zu sieben Jahren Haft und nicht zum Tode verurteilt worden. All dies würde für die Haschisch-These sprechen.

Fuad Allam, General im Ruhestand, empfängt mich im eleganten englischen Zweireiher in seiner mit feinen Perserteppichen ausgelegten Wohnung im zweiten Stock einer Villa im wohlhabenden Kairoer Stadtbezirk *Mohandeseen*. Eine indonesische Hausangestellte serviert Tee und ein riesiges Stück Schokoladentorte. Allam fordert den Neuanfang. Die ganze ägyptische Polizei müsse reformiert werden, sagt er ohne besondere Gefühlsregung. »Kein Wunder, dass die Polizisten nicht beliebt sind und es zu Folter und Übergriffen kommt, das sind ignorante Halbanalphabeten.« Die Polizeiakademie in Kairo müsse die Zahl ihrer Rekruten von geschätzten 2000 auf über 4000 verdoppeln. Auch sollten nur noch Aspiranten mit mittleren Hochschulabschlüssen oder zumindest mit gutem Abitur angenommen werden. Zudem sei technischer Fortschritt dringend vonnöten. Nur so könne moderne Polizeiarbeit, bei der auf Folter verzichtet werden kann, geleistet werden. Bis heute gebe es auch kein Computersystem zum Abgleich von Fingerabdrücken; Beamte würden diese immer noch mit der Lupe vergleichen. Fuad Allam weiß, wovon er spricht. Jahrelang war er Chef der gefürchteten ägyptischen Staatssicherheit. Er verhörte nach der Ermordung des Staatspräsidenten Anwar as-Sadat im Jahre 1981 gewalttätige Islamisten, darunter den Chirurgen und heutigen al-Qaida-Chef Aiman az-Zawahiri. »Diese Unterhaltungen verliefen, wie unter kultivierten Menschen üblich, sehr gepflegt.« Ob die Verhöre immer nur zivilisiert erfolgten, sei dahingestellt. Sicher ist dagegen, dass die massive Folter in den Kerkern Ägyptens zahlreiche ägyptische Islamisten zu Dschihadisten radikalisierte. Einige wurden sogar zu al-Qaida-Mitgliedern, wie Aiman az-Zawahiri, der derzeitige Anführer der Organisation. General Fuad, welche Rolle er bei der Verfolgung extremistischer Islamisten auch spielte, ist heute ein wenn auch bourgeoiser radikaler Reformer. Nicht nur die Polizei, sondern der gesamte Sicherheitsapparat müsse restlos erneuert werden, fordert er wiederholt.

Unteroffizier Mohamed kann sich der Meinung des Generals im Ruhestand nur bedingt anschließen. Es gebe wegen des desolaten Schulsystems gar nicht ausreichend Rekruten, die irgendeine Form von Ausbildung hätten. Selbst die einfachen Polizisten sollten natürlich lesen und schreiben können. »Sonst notieren die an einer Kreuzung die Nummern nicht richtig und geben den Falschen Strafzettel.« Das Kernproblem sei aber, dass man bei der Polizei nur halb so viel verdiene, wie die beim Volk wesentlich beliebteren Militärangehörigen. Außerdem hätte auch der Muslimbruder Mursi die Situation der Polizei in keiner Weise verbessert. Deshalb sei auch mehr als die Hälfte der Polizisten nicht zum Dienst zurückgekehrt. Die andere Hälfte, die arbeite, sei völlig demotiviert, da die Staatsanwälte und Richter aus der Mubarak-Ära auf Konfrontationskurs mit dem Mursi-Regime gewesen seien und, um dieses zu schwächen, Verbrecher oftmals schnell wieder freigelassen hätten.

Für Mohamed ist die Polizei die wichtigste Institution jedes Landes. Ohne Sicherheit höre der Staat auf zu existieren –

Ägypten versinke im Chaos. »Die reichen Leute bringen ihr Geld außer Landes, und die arme Bevölkerung kann sich bald nichts mehr zum Essen kaufen.« In der Tat misstrauten die Muslimbrüder der Polizei, und das nicht grundlos, denn die ägyptischen Sicherheitsbehörden inklusive der Polizei haben jene jahrzehntelang bespitzelt, unter Druck gesetzt und inhaftiert. So auch den ersten in freien Wahlen gewählten Präsidenten Mohammed Mursi. Bei der Anwerbung von Rekruten der Polizei wurde nicht nur sorgfältig geprüft, ob der Kandidat selbst Verbindungen zur Bruderschaft hatte, sondern auch die »Verlässlichkeit« der gesamten, oftmals sehr großen Familie »untersucht«. Mohamed selbst hatte für den ägyptischen Präsidenten und die Muslimbrüder nie viel Sympathie, denn die hätten genau wie das Mubarakregime nur an ihre eigenen Interessen und eine wirtschaftliche Bereicherung gedacht. Schließlich hätte es unter Mubarak wenigstens wirtschaftlichen Fortschritt und eine stabile Sicherheitslage gegeben. Die Regierung Mursi sei ein Haufen untätiger Dilettanten gewesen, die wie alle anderen Herrscher vor ihnen Ägypten als ihr *Esba*, ihr persönliches Landgut, betrachtet hätten. Gleichwohl glaubt er, es hätte zunächst keine Alternative gegeben. Der Präsident hätte ja nicht einfach zurücktreten und das Land verlassen können, meint er. »Wie sollte das gehen? Dann hätten wir totales Chaos gehabt.« Bereits bei unserem ersten Gespräch im Juni 2013 glaubte er, die Muslimbrüder, deren Kinder manchmal jahrelang ihre Eltern nicht gesehen haben, weil diese im Gefängnis saßen, würden natürlich nicht widerstandslos aufgeben. Nach dem Sturz Mursis im September und der brutalen Auflösung der Proteste seiner

Anhänger meint er, es hätte keine Alternative gegeben, die Brüder hätten sonst das Land zerstört. »Wenn sie selbst nicht mit Waffengewalt gekämpft hätten, dann hätte es auch nicht so viele Tote gegeben«, behauptet er.

Dass die Umbrüche viel Zeit brauchen, versteht auch der junge ägyptische Unteroffizier. »Doch Zeit ist relativ. In Europa mögen zehn oder 20 Jahre erträglich sein; in Ägypten sind sie die Hölle.« Seit dem Sturz Mubaraks wünschte sich Unteroffizier Mohamed naiv einen »Retter«. Einen gerechten, aufgeklärten, aber vor allem einen starken neuen Diktator; einen Mann, der das Land und seine Probleme im Griff hat. Nicht irgendeinen, sondern jemanden, der dazu noch volksnah ist, insbesondere im Kontakt zu den einfachen und armen Menschen, denen er sich zugehörig fühlt. Etwa den ehemaligen Geheimdienstchef Omar Suleiman, aber auch der Verteidigungsminister und Generalstabschef as-Sisi könne das Land vor Verbrechen, Drogenverkauf und Prostitution retten. »Heute hat keiner mehr Angst, geschweige denn Respekt vor der Polizei. Jeder ist bewaffnet, die Leute begehen Lynchjustiz und Ehrenmorde. Ein Vater lässt seine Tochter erstechen, weil sie mit einem Mann spazieren ging. Dann setzt er sich auf einen Plastikstuhl neben die Leiche und trinkt stolz seinen Tee.« Mohamed betont, er sei kein Vertreter einer laxen Moral. »Ich bin Vater von drei Kindern, und im Fernsehen gibt es nur noch Sex zu sehen, auch das muss sich ändern.«

Wer ist Mohamed, der so gelassen aus seinem Leben berichtet? Held, Opfer oder Täter? Ägyptens Medien mögen ihn für seine mutigen Aktionen gefeiert haben, doch Mohamed ist vermutlich selbst ein Opfer, das Opfer eines Systems, welches ihn unterdrückt, aber auch zum Unterdrücker macht. Er selbst versteht sich als aufrichtigen und ehrlichen Bürger, der den Kontakt zum einfachen Volk und zu seiner Herkunft nicht verloren hat. Dies möchte er unter Beweis stellen und uns zeigen, wie Kairo von ganz unten aussieht.

Mohamed hat nicht nur bei seinen polizeilichen Verfolgungsjagden einen riskanten Fahrstil. Sobald sich im Verkehrschaos der Metropole nur ein paar Dutzend Meter freie Strecke auftun, gibt er mit seinem gemieteten Taxi Vollgas. Dann wird wieder energisch abgebremst. Ägypten beklagt im Übrigen die meisten Verkehrstoten der Welt. Nur vierzehn Minuten von der Nilinsel Zamalek und sechs Minuten von den altehrwürdigen, aber überfüllten Gebäuden der Kairo-Universität entfernt – hier hat Mohamed früher als einfacher Soldat in der gleißenden Sonne den Verkehr einer Kreuzung geregelt – tut sich eine andere Welt auf. Die Straßen sind staubig und nicht geteert, übelriechende Müllberge säumen ihren Rand. Durch diese fressen sich Ziegen, die zwischen Plastikflaschen, Tüten und allem anderen Unrat versuchen, Essensreste zu ergattern. Tuk-Tuks, aus Indien und China importierte dreirädrige Motorrikschas, sind hier häufiger zu sehen als Autos. Im Zentrum von Kairo und in den Reichenvierteln sind die gefährlichen Fahrzeuge verboten. Der Lärm und der Gestank sind unerträglich. Hierhin verirrt sich kein Tourist.

Gekaufte Wählerstimmen und ein Poet in seiner Gruft

Kairos Unterschicht

Wir halten vor einem Stand mit transparenten Plastikkanistern, wie man sie in Europa im Baumarkt für Farbverdünner, Seifenlauge oder andere Haushaltschemikalien findet. Hier sind sie mit rötlichem Dieselkraftstoff gefüllt. Hinter den Kanistern steht Hagga Karima. Hagga bedeutet *die Pilgerin* und ist eine Art Respekttitel für die über 90 Kilogramm schwere Matrone. Dabei ist Karima, ihr arabischer Vorname lässt sich als *die Großzügige* übersetzen, weder besonders gläubig, noch ist sie jemals nach Mekka gepilgert. Sie trägt ein weites schwarzes Kleid mit langen Ärmeln und einem eleganten Silberstreifen an den Rändern sowie ein ebenso weites und schwarzes Kopftuch. »Ich mische kein Wasser in den Diesel. Meine Dienstleistung ist, dass die Menschen nicht stundenlang an der Tankstelle Schlange stehen müssen.« Hagga ist geschieden und hat drei Töchter und einen Sohn alleine großgezogen. Wie alt sie ist, weiß sie nicht so genau. Sie selbst schätzt sich auf ungefähr fünfzig Jahre.

Karima zeigt auf die komplett zerschlissenen und zum Großteil aufgeschlitzten, ehemals wohl pompösen Polstersessel – ich möge doch bitte Platz nehmen. Die Garnitur oder das, was von ihr übrig ist, steht auf feuchter Erde. Hier wurde gerade Gemüse gewaschen. Eine elegante, vollverschleierte junge Frau hält ein Kleinkind im Arm. Sie dreht sich kokett um, lässt das Kind auf den matschigen Boden herab und beginnt in der Hocke Auberginen zu schälen, die sie eine nach der anderen in den Topf auf einem Kerosinkocher wirft. Eine Wohnküche unter freiem Himmel – na ja, fast: Eine blaue Plastikplane und eine Matte aus verwobenen Palmblättern sind über ein paar Holzpfeiler gespannt und spenden ein wenig Schatten. Hagga möchte mir unbedingt etwas zu trinken anbieten. Das gehört sich einfach so. Der überzuckerte ägyptische *Koschari*-Tee, für den Teekrümel in heißem Wasser aufgekocht werden, ist für den Besuch nicht gut genug. Also schickt sie ein paar junge Männer zum Kauf von bunter Limonade in angestoßenen Pfandflaschen aus Glas.

Der völlig ungeplante und vermutlich illegal bebaute Außenbezirk Kairos war früher einmal fruchtbares Agrarland. Heute ist er ein Geflecht aus kleinen dunklen Gassen mit aus Tonziegeln und Zementpfeilern gebauten unverputzten vier- bis fünfstöckigen Häusern, eines der zahlreichen Armenviertel Kairos. Die Armen hier gebrauchen weniger das Wort »arm«, *ghalbanin*, sondern *mutabaka tabana*, die »kranke« oder »müde Klasse«. Zwar verhungert in Ägypten niemand, aber mehr als 20 Millionen Menschen, rund ein Viertel der Bevölkerung, leben unter der Armutsgrenze von etwa einem Euro Tageseinkommen, weitere 20 Millionen Ägypter liegen nur knapp darüber. Der Anteil der »müden Klasse« dürfte tatsächlich noch viel höher sein. Neben den Dörfern Oberägyptens sind die Außenbezirke Kairos die ärmsten Gegenden des Landes, das ca. 85 Millionen Einwohner zählt.

Hagga Karima kauft an der Tankstelle subventioniertes und damit sehr begehrtes Diesel mit einem stundenweise gemieteten Kleinlaster. Dann saugen sie oder ihre Gehilfen den Treibstoff mit einem in den Tank des Wagens gesteckten Schlauch an, um das kostbare Gut in Kanister zu füllen. Die Kanister selbst darf man an den Tankstellen nicht mehr füllen, so soll der Schwarzhandel reduziert werden. Die Dame verdient mit ihrem Unternehmen 30 bis 50 ägyptische Pfund am Tag. Das sind drei bis fünf Euro. Theoretisch lebt sie damit über der Armutsgrenze, praktisch natürlich darunter, da sie ihre vier Kinder, von denen nur eine Tochter als Tuk-Tuk-Fahrerin arbeitet, mitversorgen muss. Sofort kommt die Matrone auf das Thema, das alle armen Ägypter beschäftigt, zu sprechen: Essen und Trinken. Die Preise für Nahrungsmittel sind in der Wirtschaftskrise nach der Revolution durch Inflation in astronomische Höhen geschossen. Ein Kilogramm Fleisch schlechtester Qualität kostet mittlerweile 60 Pfund, sechs Euro, das sind zwei Tageslöhne. Ahmed, der Wassermelonenhändler vom Nachbarstand, gesellt sich zu uns und mischt sich in das Gespräch. Er trägt einen Vollbart und hat ein *Zabiba*, ein Hautmal, auf der Stirn, das durch sehr häufiges Berühren des Bodens beim Gebet entsteht. »Wir arbeiten nur noch, um zu essen. Und mit ›essen‹ meine ich ein paar Saubohnen (*Foul*, ein traditionelles ägyptisches Armengericht), Linsen oder etwas Reis, manchmal mit Gemüse.« Der Laib subventioniertes

Händlerin in einem Armenviertel von Kairo

Fladenbrot, ohne das sich Ägyptens Arme nicht ernähren können, kostete zwar immer noch zwei Cent, würde aber immer
kleiner.

Bezeichnenderweise bedeutet der meistbenutzte ägyptische Begriff für Brot *aisch* gleichzeitig *Leben.* »Ich komme mir
vor wie in einem Boot auf hoher See, auf der ich rudere und
rudere, aber niemals das Ufer erreiche«, sagt der Melonenhändler. Ahmed ist Analphabet und doch erstaunlich gut informiert. Er möchte wissen, ob ein Kredit an Ägypten durch
den *sunduk* – das arabische Wort für *Fonds*, mit dem der Internationale Währungsfonds gemeint ist – den Armen schaden
würde, weil damit ein weiterer Subventionsabbau verbunden
wäre. Nun wird das Gespräch politisch. Alle betonen, dass
hier jeder die Muslimbrüder gewählt habe, vor allem, weil
nach über 30 Jahren Mubarakregime und über 50 Jahren Militärherrschaft ein Machtwechsel dringend notwendig gewesen war. »Wir dachten uns: Die Brüder wurden über 80 Jahre
lang unterdrückt, wir gaben denen eine Chance. Aber von
uns bekommen sie keine zweite. Die sind nicht besser als all
die anderen«, sagt Karima. Nichts hatte sich verbessert, im
Gegenteil: Das Volk sei immer ärmer geworden und vor allem die Unterschicht leide weiterhin. Die Anwesenden sind
alle Muslime, und die Religion sei, wie sie beteuern, natürlich
das Wichtigste im Leben. »Ich liebe meinen Glauben. Beim
Beten finde ich Ruhe. Dann denke ich nicht ständig an die
Kinder, ans Überleben, ans Geldverdienen. Ich bin weit weg
von den Problemen dieser Welt und dem Chaos«, sagt Ahmed
und zeigt auf die lärmende Straße. Er schätzt sich glücklich,
den Koran halbwegs zu verstehen. Die Sprache des heiligen

Buches sei so schön und die Suren hätten eine fast unendliche Tiefe. Er zeigt auf die junge vollverschleierte Frau beim Kochen. »Meine Frau trägt auch den *Niqab*, den Gesichtsschleier, der nur die Augen freilässt, aber das findet sie einfach elegant.« Alle sind sich einig, dass Religion nichts mit Politik zu tun habe und beides strikt voneinander getrennt werden sollte. Vor allem in der Wirtschaftspolitik sollten kompetente Politiker und Spezialisten agieren und keine religiös geprägten Dilettanten. Während des Gesprächs schellen immer wieder Handys mit Klingelmelodien, die von Koranrezitationen bis zu arabischem Pop reichen.

Muslimbrüder und Salafisten seien ein und dasselbe, erklärt der Wassermelonenhändler. Die wären lediglich vor den Wahlen 2012 vorbeigekommen und würden sich Wählerstimmen kaufen. Viele hätten die Muslimbrüder und Salafisten gewählt, weil sie von denen ein gefrorenes Hühnchen und 50 Ägyptische Pfund, das waren damals sieben Euro, geschenkt bekommen hätten. Liberale hingegen, gemeint sind die weltlichen Politiker aller Couleur, von Kommunisten und Revolutionären bis zu Mubarak-Anhängern, hätten sich zwar hier noch nie blicken lassen, seien aber trotzdem die Besten. »Husni Mubarak war zwar ein Dieb, aber uns allen ging es besser.« Die Islamisten, auf die man so viel Hoffnung gesetzt habe, hätten keinem geholfen. Im Gegenteil, das Land sei im Chaos versunken und vor allem in Kriminalität. »Hier kannst du für zwei Euro ausgeraubt und umgebracht werden.« Das Thema Unsicherheit ist zwar überall in Ägypten fast wichtigster Gesprächsstoff, im Laufe der Unterhaltung bekommt es jedoch eine eigenwillige, fast surreale Dimension.

Die zwei mit dem Einkauf der ägyptischen Limonade betrauten jungen Männer tauchen wieder auf und setzen sich auf den Boden. Mahmoud, der jüngere mit ausgewaschener Jeans, hat eine merkwürdige, schlecht gestochene Tätowierung am Oberarm. Sie ist kaum lesbar, lediglich die Worte »Allah« und »Ich liebe« sind zu entziffern. Solche Tätowierungen haben in Ägypten Symbolcharakter: »Ja, wir waren mehrmals im Gefängnis«, erzählt er bereitwillig und zeigt stolz seinen Entlassungsschein. »Wir haben gestohlen, um zu überleben.« Stehlen, um zu essen und zu trinken, damit habe er keine moralischen Probleme. Und er werde es wieder tun, wenn dies notwendig sei. Ich bin froh, dass Polizeiunteroffizier Mohamed, der uns hergebracht hat, noch dabei ist. Mahmouds Zeit im Gefängnis sei schrecklich gewesen. Ein Dutzend Männer in einer Acht-Quadratmeter-Zelle. Schlafen sei da nur in Schichten möglich gewesen. Wer wach war, stand an die Zellenwand gelehnt. Im selben Gefängnis seien damals unter dem Mubarakregime auch führende Muslimbrüder untergebracht gewesen. Diese hätten allerdings »VIP-Behandlung« genossen. Deren Familien durften ihnen gutes Essen mitbringen, sie hatten luxuriöse Zellen und Fernseher. Die Präsenz von Polizist Mohamed stört Mahmoud nicht. Der sei ja schließlich keiner von den schlagenden Offizieren aus der Mittelschicht, sondern einer von ihnen, den armen Ägyptern, der ihre Lage verstehe, und als Unteroffizier der unbeliebten Polizei einer der Prügelknaben der Nation. Und noch einmal betont Mahmoud, stehlen würde er wieder, wenn dies zum Überleben notwendig sei. Dann folgt im selben Atemzug eine paradox klingende Ausführung: Seine größte Sorge sei die Unsicherheit in Ägypten, die organisierte Banden verursachten, die plündern und, wenn es sein muss, töten würden. Diese würden oft aus hilflosen Straßenkindern bestehen, die von reichen Kriminellen bewaffnet und bezahlt würden und für ein wenig Essen als Lohn zu allem bereit seien.

Hagga zeigt auf den Dreißigjährigen. »Ach übrigens, Mahmoud ist mein neuer Mann.« Die beiden haben ein für Ägypten fast klassisches Arrangement getroffen. Ältere geschiedene oder verwitwete Frauen suchen sich jüngere, oftmals arbeitslose Männer. Sie heiraten in einer Form von zwar staatlich nicht anerkannter, aber allgemein akzeptierter Ehe vor einem bestochenen Anwalt oder einem vermeintlichen Religionsgelehrten. Die Vorteile für beide Parteien liegen auf der Hand: Hagga genießt die Protektion eines Mannes, der durch seine Vergangenheit ein wenig Angst macht. Dabei geht es nicht nur um Schutz vor anderen Männern, sondern vor allem auch darum, dass sie aufgrund ihres Schwarzhandels nicht erpresst oder gar beraubt wird. Mahmoud braucht sich seinerseits keine Sorgen um seinen Broterwerb zu machen. Zudem, betont Hagga ganz unverhohlen, seien ja »Ehebeziehungen«, also sexuelle Beziehungen, sehr wichtig im Leben.

Das Gespräch wendet sich der Zukunft Ägyptens zu. Der Staat habe schon lange abgedankt und sei in dem Viertel hier ohnehin kaum präsent gewesen. Dabei sei Ägypten theoretisch seit der ersten großen Revolution sogar ein Wohlfahrtsstaat. Gemeint ist damit nicht der Sturz Mubaraks, sondern die Revolution im Jahre 1952, die noch eindeutiger als 2011 ein Militärputsch von Gamal Abdel Nasser und dem in Ägypten lange totgeschwiegenen General Ali Muhammad Naguib war. Seitdem sind Gesundheitsversorgung und Schulen kostenlos für alle. Allerdings nur in der Theorie, denn wer in ein staatliches Krankenhaus geht, muss entweder stunden- oder tagelang warten oder den Ärzten ein Schmiergeld zahlen. Selbst einfache Medikamente oder Betäubungsmittel für Operationen gibt es nicht. Die muss der Patient teuer erstehen und mitbringen. Längst hat Ägypten auch ein zweigleisiges Bildungssystem: teure Privatschulen und völlig vernachlässigte staatliche Einrichtungen. »Hier trinken die Lehrer Tee, statt zu unterrichten.« In jeder Klasse gebe es sechzig Schüler. »Wie sollen die da etwas lernen? Damit die Kinder ihre Examen überhaupt schaffen, verlangen die Lehrer viel Geld für teure Nachhilfestunden oder Bestechungsgelder«, erklärt Ahmed, der Melonenhändler. »Das können wir uns nicht leisten.« Also schickt Ahmed keines seiner Kinder zur Schule.

Er hat, genau wie Hagga Karima, vier Kinder. In Ägypten ist dies keine Ausnahme, sondern Teil eines Teufelskreises, der die Entwicklung des Landes und die Verbesserung der Lebensbedingungen mehr als nur beeinträchtigt. Daran hat bisher kein Regime viel verändert. Eltern ohne Ausbildung bekommen eine steigende Zahl von Kindern, die ebenfalls ohne Ausbildung aufwachsen. Die Analphabetenrate liegt zurzeit bei über 25 Prozent, Tendenz steigend. Das Wirtschaftswachstum und die Ressourcen des Landes können mit dem demographischen Wachstum nicht mithalten. Die Bevölkerung hat sich seit 1950 von 21,5 Millionen auf über 85 Millionen Einwohner vervierfacht und wird in den nächsten zehn Jahren auf knapp 90 Millionen weiter anwachsen. Gerade die so stark benachteiligte Unterschicht ist in einer Spirale von Unbildung und Armut, die von Generation zu Generation weitergetragen wird, gefangen. Verantwortlich dafür machen meine Gesprächspartner, wie zahlreiche der so lange bevormundeten Ägypter, den Staat und vor allem die Staatsspitze. »Wenn die Lokomotive nicht funktioniert, dann fährt der ganze Zug nicht.« Eigenhändig etwas zu unternehmen, sich zu organisieren, um etwas zu ändern, ist eine Vorstellung, die bei ihnen auf Unverständnis stößt. »Wenn selbst die Politiker und die Experten es nicht schaffen, wie dann wir? Vermutlich ist das unser Schicksal. Das liegt in der Hand Gottes, und nur er kann etwas ändern.« Eine Form von Fatalismus und Resignation, die bei den ganz armen Ägyptern viel zu häufig vorherrscht – zum Glück nicht ausschließlich.

Es wird dunkel. Wir fahren nach *Mohandeseen*, der »Ingenieursstadt«, ein Stadtviertel in Gizeh, das unter Präsident Nasser gebaut und nach sowjetischem Vorbild so benannt wurde. An einer Hauptverkehrsader liegt ein kleiner, ungefähr 300 Meter langer und 200 Meter breiter öffentlicher Garten. Dieser dient abends weniger zum Flanieren, sondern ist vielmehr für die Qualität seiner Autowäscher berühmt. In gewisser Weise subventioniert der Staat hier – wohl eher ungewollt – Kleinunternehmer. Die Fontäne inmitten des Parks dient als Wasserspender und die Verkabelung der Straßenlaternen rings um den Garten als Stromquelle für die Staubsauger. Auf den angrenzenden, tagsüber von Büroangestellten belegten Parkplätzen machen sich nächtens Dutzende von Autowäschern ans Werk. Kairos Mittel- und Oberschicht gibt hier ihre Pkws ab, geht einkaufen – in der Nilmetropole sind die meisten Geschäfte bis spät in der Nacht geöffnet, besonders während des heißen Sommers und im Fastenmonat Ramadan – wenn nicht gerade Ausgangssperre herrscht. Wenige Stunden später können die Wagen blitzsauber wieder abgeholt werden. »Die sind besser als jeder Reinigungsdienst und jede Waschanlage an der Tankstelle«, berichtet ein Kunde.

Einer der Autowäscher ist Tarek Ibrahim Ali. Der Dreißigjährige genießt hier einen gewissen Ruf. Nicht nur wegen der Qualität seiner Arbeit, sondern vor allem als eine Art »Dichter aus dem Volke«. Dichter ist vielleicht übertrieben. Tarek schreibt etwas krude, aber sehr aussagekräftige Reime, die armen Ägyptern anscheinend aus der Seele sprechen. Sie lassen sich nur sinngemäß übersetzen: »Ägyptens Volk lebt im Schatten und folgte seinen Herrschern lange wie Ratten.« Tarek selbst, sagt er, lebe in einer Gruft. Mit »Gruft« meint er nicht die Totenstadt Kairos, Gräber, über die bereits seit dem 10. Jahrhundert zum Teil prunkvolle Mausoleen und Schreine gebaut wurden und die inzwischen ebenfalls von Zehntausenden Armen der Nilmetropole besiedelt werden. Er meint seine ganz persönliche Wohngruft, und die möchte er uns zeigen.

Ein Taxi bringt uns ans Nilufer in den Stadtteil *Babelouk*, genau gegenüber dem reichen Herzen der Stadt, der Insel Zamalek. Die Häuser entlang des Ufers sind dort, wo Touristen sie sehen können, proper und weiß getüncht, die Gassen dahinter ein Chaos aus halb eingestürzten Altbauten, teilweise oder unverputzten Neubauten und ehemals freien Flächen, auf denen jetzt Hütten in jedweder Form aus Holzresten, Wellblechplatten und anderen recycelten Materialien stehen. Dazwischen Esel, Ziegen und sogar Kühe. Vor einer dieser Hütten kommen uns zwei junge Ägypter in modischen Jeans

Tarek, Poet der Armen, mit zwei seiner Töchter

und Designer-Hemden entgegen. Sie leben sicherlich nicht in diesem Viertel, sondern vermutlich in viel schickeren Stadtteilen. Tarek deutet auf eine Frau: »Seht ihr die dicke Alte da in Schwarz, die vor der Hütte. Das ist die *Muallima*.« Der Begriff bedeutet eigentlich Gelehrte, wird aber synonym für »bauernschlau« oder »gewieft« verwendet. In unserem Fall ist mit der Bezeichnung eine Drogenhändlerin gemeint. Die beiden jungen Männer haben gerade Haschisch gekauft.

Wir kommen vor einem der mehrstöckigen Mietshäuser aus den siebziger oder achtziger Jahren des letzten Jahrhunderts an. Hinter dem großen Eingang führen eine Treppe und ein langer Gang ins Kellergeschoss. Rechts und links Dutzende von Türen, sofern man die aus Brettern zusammengenagelten Konstruktionen als solche bezeichnen kann. Dahinter hört man das Geschrei kleiner Kinder. Die zweite Tür von links ist Tareks Gruft. Bevor er mich jedoch zu sich hineinbittet, möchte er mir noch den Nachbarraum zeigen. Als wir das wackelige Holzportal öffnen, kommt uns ein Mückenschwarm entgegen. Hier wohnt niemand mehr. Der 13-Quadratmeter-Kellerraum steht dreißig Zentimeter hoch unter Wasser. Ob es Abwasser oder steigendes Grundwasser ist, weiß auch Tarek nicht; vermutlich beides.

In seiner »Gruft« direkt daneben empfangen mich seine unverschleierte Frau Intissar und seine vier Kinder: der Sohn Fahd und die Töchter Nancy, Samaa und Samiha. Der 16 Quadratmeter große Raum ist erstaunlich sauber, der Boden gekachelt, die schlecht verputzten Wände zum Teil mit bunten Tüchern behängt. Das Mobiliar: ein großes Bett mit an die Wand gelehnten Kissen, ein Armsessel und ein kleinerer

Klapptisch. Eine kleine Nische, in der das Ehebett steht, ist durch einen Vorhang vom Rest des Raumes abgetrennt. Gegessen wird wie vielerorts in der arabischen Welt auf dem Boden, im Kreis um ein großes rundes Tablett aus Messing oder anderem Metall. Tareks Familie besitzt wie fast alle armen Ägypter einen Gaskocher, einen Kühlschrank und einen Fernseher mit Satellitenempfang. Der Kühlschrank allerdings ist durch die explodierenden Lebensmittelpreise fast leer. Fließendes Wasser, geschweige denn eine Toilette oder eine Dusche gibt es hier nicht. Die Frau des Dichters setzt Wasser aus einem Plastikkanister für den Tee auf. Tarek und seine Kinder sitzen auf dem großen Bett. Wie er denn zum Dichten gekommen sei, möchte ich wissen. Er hätte Lernen während seiner vierjährigen Schulzeit gehasst. Doch dann, als er bereits über zwanzig Jahre alt war, habe er angefangen zu lesen. Erst Zeitschriften, dann einfache Bücher. Irgendwann habe er entschieden, er müsse etwas Sinnvolles machen und irgendwie ausdrücken, was in ihm vorgeht. Tarek steht auf und geht zu einem an der Wand befestigten Brett, dem einzigen Regal des Raumes. Er holt einen Stapel bunter Schulhefte mit Comicfiguren auf dem Cover, »Made in China«, hervor. Sein Lebenswerk steht in ihnen geschrieben. Nicht in eleganter, kalligraphisch geschwungener arabischer Schreibschrift, sondern in unbeholfenen, unregelmäßig gezeichneten Druckbuchstaben, wie die eines Kindes, das gerade schreiben lernt und dazu aus einer Zeitung abschreibt. Tarek blättert hektisch, legt ein Heft nach dem anderen zur Seite, bis er glaubt, er habe einen Vierzeiler über die Muslimbrüder gefunden, der mir gefallen könnte. Er liest mit leicht zittriger Stimme, die das scheppernde metallische Ventilatorengeräusch im Hintergrund kaum übertönt. »Ihr habt versprochen und versprochen, aber all diese Versprechen gebrochen. Wir haben einen einfachen Traum, aber dafür scheint kein Raum. Ein Traum von einem Platz im Sonnenlicht und mit einem bisschen Respekt für unsere Ichs.« Tarek schreibt über fast alle Themen, die die Ägypter derzeit beschäftigen. Von Polizeigewalt und dem Zustand der Krankenhäuser über den Wunsch, endlich einmal sauberes Trinkwasser zu haben, bis hin zur Bildungskatastrophe: »Es soll echte *Horriya* geben, Freiheit, und keine *Umiyya*, Analphabetentum.«

Seine raue Poesie birgt Risiken. Vor dem Sturz Mubaraks verbrachte Tarek zehn Tage in den Kerkern der Staatssicherheit. Ein mit ihm befreundeter Verkehrspolizist las ein Mubarak-kritisches Gedicht auf der Polizeiwache. Das Lachen seines Freundes machte einen Offizier auf das Blatt Papier aufmerksam. Der junge Polizist wurde zwei Tage lang eingesperrt und verhört, bis er Namen und Adresse des Straßendichters preisgab. Zwei Transporter der Staatssicherheit und der Wagen einer Antiterrorismussondereinheit rückten vor Tareks Kellerloch an. Die bescheidene Behausung wurde völlig auf den Kopf gestellt, Tarek geschlagen und beleidigt. Ein Offizier schrie, der Dichter sei gefährlicher und dreckiger als Umar Abd ar-Rahman, ein dschihadistischer Scheich, der in New York wegen seiner geistigen Urheberschaft an der ersten Terrorattacke gegen das World Trade Center im Jahr 1993 eine lebenslängliche Haftstrafe verbüßt. Frei kam Tarek nur, wie so oft in Ägypten, durch *wasta*, Beziehungen, die im Land unabdingbar sind. Einer seiner Kunden war pensionierter Polizeigeneral und zudem bei *Orascom*, einem der mächtigsten ägyptischen Industriekonzerne, angestellt. Dessen Besuch bei der Staatssicherheit genügte, und der Dichter wurde mit der Ermahnung, er könne über alles schreiben, nur nicht über Politik, auf freien Fuß gesetzt. Der Schock der Verhaftung vor versammelter Nachbarschaft saß tief. Bis zur Revolution 2011 schrieb Tarek keine politischen Texte mehr. Aber das war ohnehin nie sein Hauptthema. Er dichtet viel, über sich und seine Familie; oftmals traurige und beschämende Dinge: »Ich bin ein gebrochener Mann, dabei würde ich so gerne meinen Kindern ein Vorbild sein. Denn ich hoffe, ich bin trotz all meiner Fehler ein wenig herzensrein, und dies gibt den Kindern wenigstens ein bisschen Sonnenschein.«

Tarek behauptet, er sei Pessimist, die Zukunft würde nicht viel Gutes bringen. Außerdem hätte er harte Schicksalsschläge erlitten. Seine zweitälteste Tochter Samiha, die mich so freudig anstrahlt, ist dem Arzt bei einer schwierigen Geburt aus den Händen geglitten und mit dem Kopf auf dem Boden aufgeschlagen. Ihre schwere geistige Behinderung wurde erst im Alter von zwei Jahren entdeckt. Für eine Behandlung hat Tarek weder das Geld, noch gibt es in Ägypten darauf spezialisierte Institutionen. Seine Frau Intissar stammt ursprünglich aus Libyen und hatte versucht, die Familie dieses Jahr in das reiche Nachbarland umzusiedeln. Dies wurde ihr laut Tarek jedoch verweigert, weil sie mit einem Ägypter verheiratet ist und die Kinder somit kein Anrecht auf die libysche Staatsbürgerschaft haben.

Doch Tareks gesamtes Handeln spricht gegen seinen angeblichen Pessimismus, denn irgendwie lässt er sich nicht unterkriegen. Seine adrett gekleidete Tochter Nancy mit den hübschen Zöpfchen soll einmal auf eine Kunsthochschule gehen. Für Samaa, die gerade wegen einer Halsentzündung nicht zur Schule kann, versucht er unbeirrbar die 500 Pfund Schmiergeld für eine dringend notwendige Mandeloperation aufzubringen. Und sein Sohn Fahd soll um Gottes willen kein Autowäscher werden. Tarek hofft auch, einen kleinen Gedichtband veröffentlichen zu können – nicht weil er glaubt, dass seine »Poesie« brillant ist, sondern weil er das Gefühl hat, nicht nur für sich selbst zu sprechen. Zudem ist er Mitglied eines Kollektivs, das sich für menschenwürdige Wohnbedingungen einsetzt, und hat sich an Protesten vor dem Amtssitz des für seinen Stadtteil zuständigen Gouverneurs von Gizeh beteiligt. Die Demonstrationen hatten offensichtlich Erfolg: In seinem Viertel sollen neue Sozialwohnungen gebaut werden. Tarek und seine Familie werden vermutlich eine kleine Zwei-Zimmer-Wohnung erhalten. Er hätte sich natürlich eine größere gewünscht und gerne ein von den Kindern getrenntes Schlafzimmer für sich und seine Frau. Aber er freut sich, wenn alles klappt, endlich fließend Wasser und ein Badezimmer zu bekommen. Manchmal gibt es in Ägypten doch noch Hoffnungsschimmer, auch für die ganz Armen.

Linguine mit Langusten

Arroganz und Realitätsverlust der Eliten

Delphine sind sehr neugierig. Ein Spektakel wie in einer anderen Welt: Sieben oder acht junge, aber immerhin fast zwei Meter große Tiere schwimmen um mich herum, nähern sich in einer rasenden Geschwindigkeit bis auf dreißig Zentimeter, um dann ebenso schnell wie Pfeile zur Wasseroberfläche abzudrehen. Dann spielen sie für fast eine Stunde mit mir und untereinander. Es sind extrem kommunikative Säugetiere – dies kann man von den Menschen auf dem Meer hier nicht sagen. Wir sind am Roten Meer an einer seiner schönsten Stellen, unweit des Badeortes El Gouna, nur einige Dutzend Kilometer von Hurghada entfernt, einem der größten ägyptischen Tourismuszentren. Die Gegend bezaubert durch Korallenriffe und Lagunen, menschenleere Inseln mit Sandstränden. Am Horizont sieht man die hohen Berge der Sinai-Halbinsel.

Schnellboote wie aus einer amerikanischen TV-Serie, kleine hölzerne Fischerkähne mit Dieselmotoren, große Tauchboote mit Touristen an Bord, Luxusyachten, die vor Saint-Tropez oder in der Karibik kreuzen könnten und Millionen von Euros kosten, fahren zumeist in einiger Entfernung aneinander vorbei. Nicht zu vergessen sind die kleinen Holzboote mit ihrer abgeblätterten Farbe, die auf dem Landweg vom Nil hierhergebracht wurden und alles andere als hochseetauglich sind. Auch wenn sich die so unterschiedlichen Wasserfahrzeuge ganz nah kommen, werfen die Menschen höchstens einen kurzen Blick aufeinander – außer sie sind an Bord eines ähnlichen Bootstyps.

Auf dem Meer geht es zu wie auf dem ägyptischen Festland: Menschen unterschiedlicher Gesellschaftsschichten begegnen sich, haben aber kaum Kontakt miteinander, sondern vermeiden ihn meist sogar. Wir legen neben einer Gruppe von drei kleinen Kähnen an und vertäuen unser Boot. Die Hochseefischer sind Mitglieder eines Beduinenstammes, der seit seiner Ansiedlung Anfang des 20. Jahrhunderts in Hurghada lebt. Sie stammen aus der gegenüberliegenden Küstenregion der arabischen Halbinsel, dem heutigen Saudi-Arabien – und verließen ihr Land, noch lange bevor dort der Ölreichtum entdeckt wurde. Die vier jungen Männer sind erfahrene Seeleute und Fischer. Aus einem kleinen Plastiktank in der Mitte ihres Holzbootes entnehmen sie kleine Fische als lebende Köder zum Angeln. Wir reichen ihnen ein paar Coca-Cola-Dosen aus der Kühlbox unseres Bootes. Die Männer haben zwar selbst ein großes Kühlfach mit Eisblöcken für ihren Fang, sind aber schon vier Tage lang auf See und besitzen kaum noch Proviant.

Das Boot hat zwar eine ganz kleine Kabine, zumeist schlafen die Fischer aber auf einer unbewohnten Insel am Strand. Mein Skipper ist ebenfalls Beduine und mit den Männern auf

Ein alter Fischer aus dem Nildelta auf dem Roten Meer

dem Boot verwandt. Sie fischen mit Leinen eine als Delikatesse des Roten Meeres geltende Barschsorte und sind guter Dinge. Mehrere hundert Kilogramm Fang sind schon an Bord. Für die Fische bekommen sie über 200 Euro, die sie sich teilen. »Wir können von unserer Arbeit gut leben«, sagt einer der Männer. Ich zeige auf eine der zwei Kilometer entfernten Millionen-Euro-Yachten und frage, ob es mit den reichen Ägyptern Kontakt gebe. »Kaum, die leben in einer anderen Welt, die wir nicht kennen, und wollen mit uns auch gar nichts zu tun haben. Nur wenn sie trotz aller Radare mal ein Problem mit der schwierigen Navigation um die gefährlichen Riffe haben und Hilfe brauchen, dann reden sie mit uns«, erzählt Mohamed, der Besitzer des Kahns. Ein paar Mitglieder ihres Stammes würden zwar für die Reichen als Skipper arbeiten. Er selber könne sich ihnen jedoch nicht so unterwerfen. Die Freiheit auf dem Meer und trotzdem ein Auskommen zu finden, das mache hier alle sehr glücklich und dafür danke er Gott. Ein wenig unglücklich hingegen ist der Beduine über die Fischer, die vom Nil oder den ägyptischen Binnenseen im Norden des Landes hierherkamen, um irgendwie zu überleben. Sie hätten keine Ahnung vom Fischen im Roten Meer und würden viel zerstören.

Wir navigieren zwischen den weltberühmten Korallenriffen in Richtung eines nur wenige hundert Meter vor der Küste ankernden kleinen Holzbootes. Es sind die besagten Binnenfischer, zwei alte Männer mit sonnengegerbter Haut und fast zahnlosen Mündern. Sie bieten einen auf ihrem Gaskocher zubereiteten Tee an. Ich frage nach ihrem Alter. »Über siebzig«, lautet die Antwort. Ob das nun 73 oder 75 Jahre bedeutet, wissen sie nicht. »Ich kann nicht einmal meinen Namen schreiben«, erklärt Mansour, der Besitzer des schwimmenden Haufens Schrott, den er von einem Hunderte von Kilometern entfernten Binnensee hierhergebracht hat. »Was hat uns nur in diese tiefen Gewässer gebracht?«, lamentiert er und gibt auch gleich die Antwort auf seine Frage: »Ein Umweltdesaster.« Beide Männer kennen sich seit langem, haben als Jugendliche schon zusammen gefischt. Allerdings im Manzala, unweit von Port Said am Mittelmeer. Der ehemals sehr fischreiche See wurde zu großen Teilen trockengelegt, um Agrarland zu gewinnen. Es stellte sich jedoch schnell heraus, dass der Boden zu salzig war. Die landwirtschaftlichen Erträge fielen geringer aus als die des vormals rentablen Fischfangs, den das Projekt so gut wie zerstörte.

Die zwei Binnenfischer können nicht schwimmen. Angst haben sie trotzdem keine – über Leben und Tod entscheide schließlich Gott allein. Sie könnten auch im Bett sterben. Früher auf dem See sind sie jeden Abend nach Hause gefahren. Jetzt müssen die beiden alten Männer doch in ihrem Kahn schlafen, den sie mühsam jeden Abend irgendwo an Land ziehen. Sie arbeiten einen Monat und fahren dann wieder für einen Monat zu ihren Familien.

Die zwei alten Fischer fangen vor allem kleine Fische, die magere 60 Euro im Monat einbringen. »Davon kann man weder leben noch sterben«, sagt Hischam und schaut kurz von dem Netz auf, das er gerade flickt. Die Netze gehen an den scharfen Riffen ständig kaputt und das empfindliche Ökosystem der Riffe an den Netzen. Korallen sterben, und die kleinen Fische, die den Binnenfischern ins Netz gehen, werden nicht zu großen Fischen. Die Reproduktion und Vermehrung des Fischbestandes im Roten Meer findet jedoch vor allem in der Nähe der Felsen und Riffe statt, des einzigen Ortes, an dem die Fischer mit ihrem wackeligen Kahn ihre Netze auslegen können. Die armen Fischer vom Binnensee sind vor einer Umweltkatastrophe geflüchtet und helfen mit, die nächste zu schaffen.

Auf dem Rückweg zum Hafen kreuzen wir erneut zwei große Yachten. Sie liegen nebeneinander unweit einer kleinen Insel. Ringsherum ankern ein halbes Dutzend schnelle Motorboote. Eine Party scheint im Gange zu sein. Ägyptens »goldene« Jugend amüsiert sich: Popmusik und junge Frauen und Männer, die auf dem Deck der Yacht vermutlich nicht nur alkoholfreie Getränke zu sich nehmen. Andere schwimmen oder schnorcheln in modischen Badehosen und Bikinis im Wasser. Die jungen Ägypter winken uns zu. Wahrscheinlich nur weil mein gemietetes Motorboot ziemlich schick ist – ein anderes war in El Gouna nicht zu bekommen. Ich lehne dankend ab, weil ich ohnehin bald sehr ähnliche Menschen treffen werde.

Wir nähern uns dem Hafen der Kleinstadt. Hier darf kein gewöhnliches Fischerboot, geschweige denn ein einfacher Holzkahn anlegen. El Gouna ist das ägyptische Saint-Tropez oder wird zumindest von seinen Planern gern als solches bezeichnet. Es ist ein Ort aus der Retorte für die ägyptische Elite – gemeint ist hiermit die Wirtschafts- und Staatselite und nicht etwa die Bildungs- und Intellektuellenelite. Letztere hat auf die wirklichen Geschicke Ägyptens höchstens einen Einfluss, wenn sie sich mit den Reichen und Mächtigen verbündet.

Eine junge Ägypterin im Eliterefugium El Gouna am Roten Meer

An der Hafenpromenade reihen sich schicke Restaurants und Geschäfte aneinander. Von Gucci-Handtaschen über Prada-Schuhe bis hin zu einer 50-Meter-Yacht kann man hier ziemlich alles kaufen, was wirklich teuer ist. Auch die Restaurants sind exklusiv, darunter ein edler Franzose und mehrere Italiener, selbstverständlich von Franzosen und Italienern geführt. Der zurzeit angesagteste Laden ist ein Glaskasten auf einem Ponton im Wasser. Er sieht nach nichts aus. Aber hier wird selbst die Elite der Elite gefiltert – ohne Beziehungen darf man hier oftmals nicht rein. »Entschuldigung, Sie haben leider nicht reserviert, rufen Sie uns doch morgen einfach einmal an«, erklärt der Oberkellner sehr höflich an der Tür. Die Restaurant-Bar ist jedoch bekannt dafür, dass hier niemand jemals ans Telefon geht. Zufällig erkennt mich ein Bekannter aus Kairo, gibt dem Kellner ein Zeichen, der Einlass wird sofort gewährt.

Sonnenuntergang: Die Menschen trinken ihren Aperitif, teure ausländische Spirituosen, den besten ägyptischen Wein oder Bier der Marke *Sakkara*. Auf der Speisekarte stehen Linguine mit Rotes-Meer-Languste. Das Gericht kostet so viel, wie ein Durchschnittsägypter in einem halben Monat verdient. Die Zungen lösen sich an der kleinen Bar. »El Gouna lässt mich vergessen, dass ich in Ägypten bin«, sagt ein sehr reicher Arzt. Aber sei der hier zur Schau gestellte Reichtum nicht etwas schockierend? »Nein«, mischen sich zwei Damen mittleren Alters mit großen Diamantringen am Finger in das Gespräch. Es gebe eben zum Glück auch Wohlstand im Lande. Die Fellachen hingegen seien schon immer arm gewesen, und daran würde sich auch niemals etwas ändern.

El Gouna ist vermutlich der Ort, wo sich Ägyptens Elite am besten komplett von der Realität des Landes abschirmen kann. Das Städtchen besitzt einen eigenen Flugplatz für Privatjets, obwohl der internationale Flughafen Hurghadas nur 20 Minuten entfernt liegt. Ein privater Sicherheitsdienst kontrolliert strikt den Zugang zu dem Luxusghetto. Die ägyptische Polizei ist in El Gouna nur sehr diskret präsent – zwei oder drei Beamte in Zivil. Ägyptens Elite schlichtet ihre Konflikte meist unter sich.

Ich lasse mir den Ort von einem Immobilienmakler zeigen. Er präsentiert mir den 18-Loch-Golfplatz, mitten in der Wüste mit Rasenflächen, die jeden englischen Gärtner erbleichen ließen. Jedes Stadtviertel hat seinen eigenen Baustil, nubisch mit Kuppeln oder neuandalusisch mit Säulen und traditionellen Holzfenstern und seine eigene Lagune mit Bootsanlegeplätzen. Die etwa hundert Quadratmeter große Doppelhaushälfte kostet knapp 700 000 Euro. Die Preise für größere Villen im individualisierten Baukastensystem mit Swimmingpool erreichen schnell mehrere Millionen Euro.

Die Elite vereint eine Hassliebe zum Westen. Sie wittert, natürlich auch aufgrund der Erfahrungen, dass Europa und vor allem die USA Israel unterstützen, ständig neue Konspirationen. Gleichzeitig sprechen die reichen Ägypter Arabisch, durchsetzt mit französischen, englischen und zunehmend US-amerikanischen Lehnwörtern, und äffen fast jede westliche Mode blind nach. Werte wie Demokratie oder soziale Gerechtigkeit werden hingegen von den meisten ignoriert. Westliche Touristen aus den Hotelsilos Hurghadas sind in El Gouna nicht willkommen, höchstens millionenschwere Investoren, die sich hier selbst Häuser kaufen. Konservative Araber vom arabischen Golf sind in El Gouna ebenso wenig erwünscht wie der Chartertourismus. Die Araber würden einerseits vermutlich die Freizügigkeit hier kritisieren und andererseits womöglich Callgirls aus der ganzen Welt einfliegen, sagt der junge Immobilienmakler. Ägyptens Mächtige möchten mit ihren eigenen Zwiespälten unter sich bleiben.

El Gouna, die Stadt aus der Retorte, wurde Mitte der neunziger Jahre mitten aus der Wüste gestampft. *Orascom*, ein Konzern, hinter dem die ägyptische Milliardärsfamilie Sawiris steht, erwarb das Land vom Staat. Die christliche Familie ist die reichste des Landes und vermutlich sogar die reichste Afrikas. Sie besitzt Telekommunikationskonzerne, riesige Bauunternehmen, Zementhersteller sowie Tageszeitungen und Fernsehsender. Weltweit hält die Unternehmensgruppe der Sawiris Anteile an Firmen von Korea bis in die Schweiz. *Orascom* managt die ganze Stadt, betreibt die Wasser- und Stromversorgung und den Sicherheitsdienst. Einige Unternehmen des Klans wurden zwar in den siebziger Jahren unter Sadat verstaatlicht, aber trotzdem mehrte sich dessen Reichtum – vor allem während der Mubarak-Herrschaft – nicht zuletzt dank guter Kontakte zum Klan des ehemaligen Präsidenten und vor allem zu dessen Söhnen.

Die Menschen, die sich nach El Gouna zurückziehen oder ihre Wochenenden und Ferien hier verbringen, sind wie die Gründer des Ortes Mitglieder der mächtigsten Familien des Landes. Ohne Familie ist man in Ägypten nichts. Ihre Macht ist entscheidend. Teils sind es Familien, die schon zur Zeit der Monarchie großen Reichtum besaßen. Ihnen gelang es, sich mit allen folgenden Regimen zu arrangieren. Ihre Töchter heirateten Angehörige der so wichtigen Militärs, und viele Söhne gingen selbst zur Armee. Auch neues Geld ist in El Gouna vertreten – neu ist in Ägypten jedoch relativ. Es handelt sich um Familien, die durch die drastische wirtschaftliche Liberalisierungs- und Öffnungspolitik von Anwar as-Sadat nach Gamal Abdel Nassers arabischem Sozialismus schnell zu großem Vermögen kamen. Die »Parvenüs« mussten jedoch in altes Geld, d.h. in alte Familien, einheiraten, um akzeptiert zu werden. Alte und neue Reiche wurden unter dem Ultraliberalismus der letzten Mubarak-Jahre noch wohlhabender. Weniger als 500 Familien Ägyptens besaßen im Jahre 2011 zusammen ein Vermögen von über 50 Milliarden Euro, das ist im Juni 2013 das Dreifache der für Ägyptens Überleben so wichtigen und seit dem Sturz Mubaraks schwindenden Devisenreserven.

El Gouna ist der ideale Ort für die Sicherung des Fortbestandes der Super-Elite und zum Schmieden neuer Allianzen. In den Strandclubs mit ihren Diskotheken kann sich die »goldene« Jugend Ägyptens relativ frei ausleben. Ein großer Heiratsmarkt – denn vorehelicher Sex ist in allen ägyptischen Gesellschaftsschichten weiterhin ein Tabu. Ehen müssen, obwohl junge Leute ihre Partner in einer Art Vorauswahl durchaus selbst suchen können, trotzdem den elterlichen Segen finden.

Für jeden Familienklan ist es wichtig, Kontakte zu allen mächtigen Staatsinstitutionen, den Ministerien, dem Justizwesen, den Sicherheitsdiensten und selbstverständlich den Militärs zu pflegen. Natürlich kommt es zwischen Wirtschafts-, Politik- und Staatseliten und den selbst in der Wirtschaft so aktiven Militärs auch zu Konflikten. Zahlreiche persönliche Kanäle und Kontakte erlauben es jedoch zumeist, Kompromisse hinter den Kulissen auszuhandeln, bevor die gesamte Machtelite Schaden nimmt. So wird Ägypten schon lange regiert.

Die Familien vertreten oftmals verschiedene politische Standpunkte, sie können Anhänger einer Militärdiktatur, überzeugte Demokraten oder gar noch Monarchisten sein und sind mehr oder minder religiös. Gemein ist ihnen allen jedoch eine Mischung aus häufig blindem ägyptischem Nationalismus, einer gewissen Liberalität und der Befürwortung eines weltlichen Staates. Unter »liberal« ist vor allem eine extreme wirtschaftliche Liberalität zu verstehen und unter »weltlich« eine tiefe Abneigung und ein profundes Misstrauen gegenüber den Muslimbrüdern. Diese ungebildeten Bauernsöhne seien einfach zu dumm, um ein Land wie Ägypten zu regieren, und hätten trotzdem den Versuch gewagt, alle Macht an sich zu reißen, so formuliert es eine aristokratische Dame, Mitglied eines großen Klans, in einem Café im Bootshafen von El Gouna. Ihr Mann, der eine diamantenbesetzte Rolex am Arm trägt, nickt beipflichtend. Nadja ist die Tochter eines Paschas. Sie ist in riesigen Villen in Kairo und Alexandria mit Dutzenden von Bediensteten, vom Butler bis zur persönlichen Dienerin, groß geworden. Die Abschaffung der Monarchie in den fünfziger Jahren hatte die Dame aus der feinen Gesellschaft gerade noch verwunden, aber dass der Pöbel der Muslimbrüder ihr Land regierte, war für sie unerträglich. Nadja hat in ihrem Leben nie gearbeitet, besitzt jedoch viel Geld durch geerbten Grund- und Immobilienbesitz und eine zweite Ehe mit einem reichen Geschäftsmann aus guter Familie. Viel Geld ist in Ägypten gleichbedeutend mit sehr viel Macht. Zum ersten Mal in ihrem Leben hat Nadja demonstriert – im Juli 2013 auf dem Tahrir – gegen die Muslimbrüder und für ihren neuen Helden, General as-Sisi.

Den Muslimbrüdern war bewusst, dass sie das Land nicht ohne die weltliche Wirtschafts- und Geldelite regieren konnten. Sie versuchten sich mit den wirklich Mächtigen des Landes zu arrangieren, deren Reichtum nicht in Frage zu stellen, indem sie die ultraliberale Wirtschaftspolitik des Mubarakregimes im Großen und Ganzen fortsetzten. Als die Islamisten jedoch gleichzeitig versuchten, den Staatsapparat stärker zu kontrollieren und vor allem mehr Einfluss auf die Ressourcenvergabe innerhalb des Landes zu gewinnen, war es mit der Geduld der Eliten vorbei. Ihre ablehnende Haltung wurde zur offenen Opposition – natürlich im Einverständnis mit dem Militär, das seine eigenen Wirtschaftsinteressen, etwa die Kontrolle über riesige Landflächen, in Gefahr sah. Es entstand eine weit gefächerte Interessenskoalition aus den ganz unterschiedlichen weltlichen Parteien, der christlichen Minderheit, Anhängern des alten Regimes und natürlich den Militärs. Mit an vorderster Front beim Aufstand gegen Präsident Mursi standen Ägyptens Superreiche, allen voran der El-Gouna-Gründer Samih Sawiris und sein Bruder Naguib. Sie finanzierten die für den Aufstand gegen Mohammed Mursi wichtige *Tamarod*-Bewegung mit und attackierten mit ihrer geballten Medienmacht die Muslimbruderschaft. Das diskrete El Gouna mit seinen großen Salons in den Villen der Superreichen, den großen Yachten und den edlen Konferenzräumen der Luxushotels ist natürlich der perfekte Ort nicht nur für wichtige Geschäftsabschlüsse, sondern auch um folgenschwere politische Bündnisse zu knüpfen.

Der luxuriöse Ort am Roten Meer ist auch die Idealvision eines von den Eliten erträumten modernen und weltlichen Ägyptens. Hier stellen diese nicht nur ihren Reichtum zur Schau, sondern auch ihren vermeintlichen Bildungsanspruch – einen westlichen. Ein Ableger der renommierten Amerikanischen Universität Kairos und sogar eine kleine Zweigstelle der Technischen Universität Berlin haben hier ihren Sitz. Die TU El Gounas bietet Masterstudiengänge im »Energie- und Wasser-Ingenieurwesen« und in »Stadtentwicklung« an. Wichtige Forschungseinrichtungen für das Land, die hier aber ebenfalls weit entfernt von den Realitäten Ägyptens angesiedelt sind. Das Städtchen mit seinen nicht einmal 10 000 Einwohnern besitzt auch ein hochmodernes privates Krankenhaus. Zugutehalten kann man den abgehobenen Reichen hier zumindest, dass sie das zahlreiche Personal, von den Gärtnern bis zu den Motor-Rikscha-Fahrern, für ägyptische Verhältnisse sehr vernünftig bezahlen und unter guten Bedingungen in kleinen Wohnungen unterbringen. Vermutlich auch weil man in El Gouna nicht von der sonst üblichen Armut umgeben sein will.

El Gouna ist einmalig und der Ort, an dem die Abkapselung der reichen ägyptischen Eliten am deutlichsten spürbar wird. Am Roten Meer existieren ein halbes Dutzend weiterer, wenn auch nicht ganz so schicker Städte. Und natürlich besitzt vor allem Kairo teure Vororte, sehr exklusive Restaurants, Diskotheken und Sportclubs, die in der Hauptsache Gesellschaftsklubs sind, wie zum Beispiel der legendäre *Gezira Sporting*

Club, der einen Großteil der Kairoer Reicheninsel Zamalek einnimmt.

In allen Ländern der Welt mögen superreiche Eliten sich abschotten – in manchen durch Diskretion, in anderen durch Mauern wie in El Gouna. Auch kann man Verständnis dafür haben, dass Ägyptens Wohlhabende, die zum Teil sicherlich hart arbeiten, versuchen, dem Chaos und dem Schmutz der Großstädte zu entkommen, und wenigstens etwas Ruhe und Entspannung an der wunderschönen Küste des Roten Meeres suchen. Schockierend hingegen ist, dass diese Elite so viel Energie und Ressourcen aufwendet, um vor den sozialen Realitäten des Landes zu flüchten, und eine so große Verachtung für die zahlreichen sozial Schwachen ihres eigenen Volkes empfindet, aber gleichzeitig versucht, so viel Macht und Reichtum wie möglich an sich zu reißen.

Dafür ist El Gouna mehr als ein Déjà-vu, in gewisser Weise eine Wiederholung der kapitalistischen Modernisierungsexperimente des 19. und des beginnenden 20. Jahrhunderts, wie etwa das bis zur Verstaatlichung ausländischen Vermögens durch Gamal Abdel Nasser in den fünfziger Jahren extrem kosmopolitische Alexandria. Damals bestand ein Drittel der Bevölkerung aus Ausländern; reichen Levantinern, Italienern, Franzosen und Griechen. Sie machten mit den ägyptischen Aristokraten und vor allem Händlern und Industriellen sehr gute Geschäfte und schauten gleichzeitig auf sie herab. Arme Ägypter durften sich in der Stadt erst gar nicht niederlassen, und wenn, dann höchstens als Dienstboten, Arbeiter oder Handwerker. Für ihr Schicksal und ihre Leiden interessierte sich keiner. Sie galten lediglich als notwendiges Übel für die

Funktionstüchtigkeit der »Perle des Mittelmeers« mit ihren schicken Palästen, Villen, den edlen Strandclubs und Cafés. Ägyptens Präsident Nasser verbrachte als Sohn eines Postboten selbst einen Großteil seiner Jugend in der legendären Stadt am Mittelmeer und litt vor allem unter der Kolonialmentalität der Ausländer, aber auch der ägyptischen Aristokratie. Ihm wird bis heute unterstellt, er habe aus Groll gegen die Arroganz der alten Eliten so viele Unternehmen verstaatlicht. Gleichzeitig imitierte er sie. So ließ sich Nasser eine Luxus-Villenanlage im Park des ehemaligen Königspalastes am Meer bauen.

Ganz generell hat sich bis heute die Mentalität der Eliten kaum geändert. Sie sind Abbilder der Kolonialisten und Monarchisten. Sie behaupten, sie seien nationalistisch, aber das »gemeine Volk« wird weiterhin mit kolonialer Geringschätzung behandelt, und adelig zu sein gilt schon seit mehreren Jahrzehnten wieder als sehr schick. Vor allem herrscht nach wie vor häufig die Einstellung, die Masse des Volkes sei in keiner Weise mündig, sondern müsse geführt werden.

Die Gegeneliten etwa der Muslimbrüder oder der Salafisten behandeln im Übrigen die Durchschnittsägypter zumeist nicht besser. Auch sie haben in ihren zumeist pompös eingerichteten Wohnungen Dienstboten, für die sie sich nicht interessieren und deren Probleme sie vorzugsweise ignorieren. Ein Beispiel unter vielen ist ein Ausspruch des ehemaligen Premierministers Hescham Qandil im ägyptischen Staatsfernsehen. Der junge Regierungschef unter der Präsidentschaft Mohammed Mursis erklärte, so viele Kinder im Nildelta litten an lebensbedrohlichen Durchfallerkrankungen, weil ihre

Mütter ignorante Landfrauen seien, die sich ihre Brustwarzen vor dem Stillen nicht richtig waschen würden. Der promovierte Ingenieur und ehemalige Minister für Wasserversorgung wusste es natürlich besser, aber die Arroganz der Eliten kennt in Ägypten eben kaum Grenzen.

Solange sich die Delphine mehr für die Menschen Ägyptens interessieren als die Reichen auf ihren Luxusyachten vor El Gouna, werden sich die sozialen Probleme des Landes und somit auch die politischen kaum lösen lassen. In Alexandria, der ehemaligen »mediterranen Perle«, ist das Meer zur Kloake verkommen. Historische Gebäude werden durch Hochhäuser ohne Baugenehmigung ersetzt. Jedes Jahr stürzen mehrere bei leichten Erdbeben ein. Die Stadt wurde von ihren Eliten verlassen, und stattdessen gewinnt ein radikaler Islam dort an Terrain.

Doch wo immer sich die Reichen neue Städte wie El Gouna bauen, irgendwann werden die Ressourcen des Landes weder für die Armen noch für die Mittelschicht und auch nicht für die Superreichen genügen – selbst wenn ihnen dies heute nicht wirklich bewusst ist.

Ich stehe wieder in der schicken Bar am Hafen von El Gouna und erinnere mich an die beiden alten Damen mit ihren Diamantringen, die sagten, die Armen blieben in Ägypten eben die Armen. Dann denke ich an die Fischer auf dem Meer, die jungen Beduinen auf hoher See, die eigentlich ganz glücklich über ihr Auskommen, aber etwas verärgert über die armen Binnenfischer sind, weil diese ihre Fanggründe zerstören. Darunter die zwei alten Männer in ihrem vergammelten Holzkahn, die auf meine Frage über den extremen Reichtum einiger Ägypter antworteten: »Ich bete zu Gott und bitte ihn, dass es den Reichen gutgeht und mir auch ein wenig besser.« Viele arme Ägypter können vermutlich nicht ewig so genügsam sein. Nicht grundlos war eine der Hauptforderungen der Millionen, die den Sturz Mubaraks forderten und somit die Umbrüche in Ägypten ins Rollen brachten, »Brot, Würde und soziale Gerechtigkeit«. Wenn Ägyptens Eliten nicht irgendwann wirklich auf ihre Landsleute zugehen, sie zu verstehen versuchen und zu teilen beginnen, wird letztlich auch mit ihren Paradiesen am Roten Meer Schluss sein – trotz aller Mauern und Sicherheitsdienste. Allein im ersten Halbjahr 2013 nahm Ägyptens Bevölkerung um eine weitere Million Menschen zu.

Große Konspiration

Muslimbrüder und ihre sich selbst erfüllende
Prophezeiung

»Es gibt eine Konspiration gegen uns«, sagt Hischam – bereits
im Mai 2013. »Der gesamte Staatsapparat, aber auch die Justiz, die Richter und die Staatsanwälte, sind gegen uns. Die
wollen nicht, dass unser Präsident irgendwas verbessert. Alle
versuchen, Mursi Steine in den Weg zu legen.« Nicht zu sprechen von den Sicherheitsbehörden, die würden die Arbeit des
ersten frei gewählten Präsidenten sabotieren, künstlich Unsicherheit schaffen, um ihn unbeliebt zu machen. Mein Gesprächspartner beweist eine gewisse Voraussicht – das kann
man ihm nicht nehmen –, auch wenn die große Konspirationstheorie gegen die Muslimbrüder vor allem eine sich selbst
erfüllende Prophezeiung war: Die eigene Paranoia isolierte
die Organisation zunehmend von den anderen politischen
Gruppen und von weiten Teilen der Bevölkerung.

Schon wieder muss ich bei einem Gespräch den viel zu sü-
ßen ägyptischen Tee trinken; in einem volkstümlichen Teehaus an einer der Hauptausfallstraßen Kairos, das nur von

Männern besucht und mit einem bis zum Anschlag laut gestellten Fernseher beschallt wird, der vermutlich so die ohrenbetäubenden Hupkonzerte auf der Straße überdecken soll. Trotzdem ist mein Gesprächspartner klar zu verstehen. Der Mann weiß sich zu artikulieren – er hat Redeerfahrung. Der 56-jährige Hischam ist Anwalt und langjähriges Mitglied der Muslimbruderschaft. Er ist keiner dieser schicken Anwälte, die es auch in Kairo zuhauf gibt, keiner mit einem großen Auto, Designer-Attaché-Case und einem maßgeschneiderten Anzug. Hischam hat kein Auto, trägt seine Unterlagen in einer ausgebeulten und abgewetzten Ledertasche mit einem Aufdruck, von dem gerade noch zu erkennen ist, dass es sich um das Werbegeschenk einer Bank handelt. Hischams einfacher Baumwollanzug ist ebenfalls ziemlich zerbeult. Als Anwalt vertritt er alle Bevölkerungsschichten; die Armen bei Erbschaftsstreitigkeiten oder Scheidungen, bei denen es nur um ein paar Möbel geht, sowie Wohlhabende, die einen preiswerten Rechtsbeistand möchten. Fast täglich kämpft sich Hischam durch die überfüllten, heruntergekommenen Flure der Gerichte und Behörden in Kairos Innenstadt. Er steht stundenlang geduldig an irgendwelchen Schaltern, um die Dutzenden von Stempeln, Unterschriften und Steuermarken zu erhalten, die für eine Klage, ein rechtskräftiges Urteil oder schlicht eine offizielle Bestätigung notwendig sind. Er drängelt sich nicht vor, wie es wohlhabende Anwälte mit Beziehungen oder mit dem nötigen Schmiergeld zur Beschleunigung der administrativen Prozesse machen. Auch sonst ist Hischam sehr geduldig, wörtlich sagt er: »Wir Islamisten sind sehr geduldig.« Interessant ist, dass Hischam das Wort Islamist benutzt, denn eigentlich bezeichnen sich die Muslimbrüder schlicht als Muslime, um vorzugeben, dass sie die wahren Muslime sind und gleichzeitig vermeintlich im Namen aller Gläubigen sprechen.

»Islamismus« ist kein arabisches Wort, sondern eine westliche Erfindung. Der Begriff wurde von dem französischen Wissenschaftler Gilles Kepel in den achtziger Jahren zum ersten Mal benutzt, um all die muslimischen Bewegungen zu bezeichnen, die eine bedeutende Rolle des Islam in der Politik fordern. Es ist ein weitgefächerter Begriff, der diverse Parteien wie die türkische Regierungspartei AKP, die libanesische Schiitenmiliz Hisbollah, die Salafisten und selbst die Dschihadisten al-Qaidas umfasst. Die älteste und sicherlich einflussreichste islamistische Bewegung ist die ägyptische Muslimbruderschaft. In gewisser Weise sind die ersten führenden Ideologen der Bruderschaft mit der Bedeutung vergleichbar, die Marx und Engels für so unterschiedliche sozialistische Bewegungen und Strömungen wie die Sozialdemokratie, den Kommunismus, den Trotzkismus, den Stalinismus oder den Maoismus haben. Die Denker der Muslimbrüder inspirierten die meisten anderen islamistischen Bewegungen weltweit, von der tunesischen Ennahda bis hin zur palästinensischen Hamas. Führende Ideologen der Gruppierung, wie der von Nasser hingerichtete Sayyid Qutb, legten sogar die ideologischen Grundsteine für zahlreiche sehr gewalttätige dschihadistische und terroristische Gruppen.

Mit den *geduldigen* Islamisten meinte Hischam natürlich die ägyptische Muslimbruderschaft. 84 Jahre habe die Gruppierung gewartet und beharrlich gearbeitet, bis sie mit dem bisher einzig frei gewählten Präsident Ägyptens die Macht im

Land am Nil übernehmen konnte. Aber irgendwann werde mit der Geduld vermutlich Schluss sein, betont er.

Hischam nimmt kein Blatt vor den Mund, wenn er über die Politik der Brüder redet – im Gegensatz zu den perfekt englischsprachigen internationalen Sprechern und Sprecherinnen der *Partei für Freiheit und Gerechtigkeit*, des politischen Arms der Muslimbrüder. Sie betonten gebetsmühlenartig, ihre Partei sei vom Volk an die Macht gewählt worden und der Volkswille würde auch respektiert werden, wenn er sich von ihr abwende.

»Wir oder die, darauf wird es hinauslaufen«, meinte dagegen Hischam. Mit »die« sind die ganz unterschiedlichen weltlichen politischen Kräfte Ägyptens gemeint: Nasseristen, Sozialisten, Liberale, aber auch die Anhänger des alten Mubarakregimes und vor allem die Militärs. Mit »wir« meint er die Muslimbrüder. In der Organisation würden Stimmen immer lauter, die forderten, man solle mit jenen so verfahren, wie es das Mubarakregime mit den Muslimbrüdern getan habe. Sobald da einer »den Kopf rausstrecke« und gegen die Politik der immerhin gewählten Regierung Widerstand leiste, müsse man »diese Köpfe abschlagen – natürlich im übertragenen Sinne«, betont Hischam, »die Gegner sollten verhaftet und unter Druck gesetzt werden.«

Hischams Drohung ist eine harmlose Variante. Die ägyptischen Muslimbrüder sind alles andere als eine homogene Bewegung. Unter ihnen existieren moderate »Islamo-Demokraten«, aber auch Hardliner, die nicht vor Gewalt zurückschrecken, wenn es um die Macht geht. Für die Gegner der Bruderschaft war das Regime Mursi deshalb ein »Wolf im

Pro-Mursi-Demonstrationen im Juli 2013 in Kairo

Muslimbrüder und ihre sich selbst erfüllende Prophezeiung **117**

Schafspelz«. Hitler sei ja auch gewählt worden, ist von ägyptischen weltlichen Intellektuellen oftmals zu hören.

Der Muslimbruder Hischam entstammt einer Bauernfamilie aus Oberägypten, sein Vater kam nach Kairo, um in einem Stahlwerk im ehemaligen Kurort Heluan unweit der Hauptstadt zu arbeiten. Nach dessen Tode musste Hischam als ältester Sohn seine Mutter und seine drei Geschwister ernähren. Er schlug sich mit Gelegenheitsjobs durch und studierte gleichzeitig Jura an der Universität von Kairo, zusammen mit den Kindern der Reichen, die teure importierte Autos fuhren, während Hischam nicht wusste, wie er das Ticket für die überfüllten Busse zahlen sollte. Neidisch sei er dennoch nicht gewesen, geträumt aber habe er von einem Leben in den USA oder in Europa. An der Universität lernte er Aktivisten der Muslimbrüder kennen und war von deren sozialem Engagement beeindruckt. Sie hätten zwar keine Wunder vollbracht, aber sie waren die Einzigen, die in den Armenvierteln Kairos überhaupt aktiv waren. Vor allem entdeckte Hischam seinen Glauben und ging fortan immer häufiger zum Gebet. Natürlich existiert der stereotype Muslimbruder nicht, trotzdem ist Hischams Werdegang in einiger Hinsicht repräsentativ. Wie viele Brüder kommt er aus der unteren Mittelschicht, mit Vorfahren vom Land, hat schließlich, umgeben von Kindern der alten Elite Kairos, studieren können. Der abgesetzte Präsident Mohammed Mursi hat einen ähnlichen Werdegang. Als Bauernsohn aus dem Nildelta machte er seinen ersten Abschluss an einer ägyptischen Universität. Im Gegensatz zu Hischam konnte er seine akademische Laufbahn jedoch mit einem amerikanischen Doktortitel in Ingenieurwesen krönen. Muslimbrüder wie Mohammed Mursi und Hischam haben wenig mit den immer noch verwestlichten alten ägyptischen Eliten aus Kairo und Alexandria gemein. Mit großer Arroganz schauen diese bis heute auf die Muslimbrüder herab und betrachten sie als halbgebildete Emporkömmlinge ohne Benehmen und Geschmack. Der gesellschaftliche Graben hatte natürlich auch politische Folgen. Die Muslimbruderschaft entwickelte sich so zu einem kleinen Staat im Staate, mit eigenen Unternehmen, Sozial- und Bildungseinrichtungen, einem Netzwerk zur gegenseitigen Unterstützung ihrer Mitglieder, etwa bei der Arbeitssuche und bei der Krankenversorgung.

Hischam betonte mehrmals, seine Organisation habe jahrzehntelang geduldig gewartet, in den neunziger Jahren der Gewalt abgeschworen und sich demokratischen Spielregeln endgültig unterworfen, und dies trotz aller Unterdrückung und massiver Wahlfälschungen unter dem Mubarakregime. Mit dem Sturz des Diktators habe sich dann eine einmalige historische Chance ergeben. Nach der Revolution, die vor allem von kleinen Gruppen der jungen weltlichen Elite, etwa der *Bewegung des 6. April*, initiiert wurde, habe es außer den Muslimbrüdern keine wirklich organisierten Gruppierungen gegeben; die Revolutionäre und die weltlichen Parteien seien zerstritten gewesen. Da habe man sich eben in die politische Arena gewagt, die *Partei für Freiheit und Gerechtigkeit* gegründet und eine Wahl nach der anderen gewonnen. Wie knapp, sagt er nicht. Ich merke an, dass die Muslimbrüder ja eigentlich versprochen hatten, keinen Präsidentschaftskandidaten aufzustellen, da sie selbst das Gefühl hatten, das Land mit all seinen Problemen nicht regieren zu können. Hischam entgegnet, man habe darin letztendlich doch eine große Chance gesehen, die man schließlich wahrnehmen wollte. Auch Hischam nutzte seine Chance: Endlich konnte er überall offen seine Zugehörigkeit zu den Brüdern kundtun und sich einen langen »islamischen« Bart wachsen lassen. Hischam zuckte leicht, als ich anmerkte, die Muslimbruderschaft sei gerade dabei, die Chance, die ihr gegeben wurde, zu verspielen. Präsident Mursi hatte im ersten Wahlgang nur knapp ein Viertel der Stimmen erhalten. Bei der anschließenden Stichwahl gewann er mit nur knapp über 50 Prozent und nur mit Hilfe von weltlichen Gruppierungen, die eine Präsidentschaft des Generals Ahmad Schafiq, Offizier und kurzzeitig Premierminister unter Mubarak, verhindern wollten. Mursi brach fast alle seiner Versprechen gegenüber diesen Gruppen. Anstelle einer Regierung der nationalen Einheit erließ er Dekrete, die seine Entscheidungen jeglicher Gerichtsbarkeit entzogen, und peitschte anschließend eine neue, umstrittene Verfassung im Eilverfahren per Referendum durch. Spätestens zu diesem Zeitpunkt traten die meisten Berater des Präsidenten, die keine Muslimbrüder waren, zurück. Hischam behauptete, irgendetwas hätte der Mann ja machen müssen, es habe kein Parlament mehr gegeben, da dieses von den Gerichten aufgelöst worden sei und alle gegen die Muslimbrüder konspiriert hätten. Ob das nicht etwas paranoid sei? »Ja, ein kleines bisschen«, antwortete Hischam, aber nach jahrzehntelanger Unterdrückung sei dies ja auch verständlich. Trotz des Lärms der Ausfallstraße sind Salven einer Maschinenpistole zu hören – das war damals im Juni 2013, während der Amtszeit Mursis, kein Grund zur Sorge. Obwohl es verboten war, wurde bei Hochzeiten in die Luft geschossen. Bei meinem letzten Treffen mit Hischam im September beschossen sich Sicherheitskräfte und Anhänger der Bruderschaft täglich mit scharfer Munition.

Hischam selbst sah die Regierung Mursis vermutlich im Licht eines Wunschtraumes. Was die Muslimbrüder nicht zerstöre, würde sie nur stärker machen, behauptete er. Genau dieser Realitätsverlust, gemischt mit einer gehörigen Portion Paranoia, wurde den Brüdern wohl zum Verhängnis und machte ihre »große Konspirationstheorie« zur sich selbst erfüllenden Prophezeiung. Die Regierung verhielt sich zunehmend völlig autistisch, vor allem auch gegenüber dem ägyptischen Regierungsapparat. »Selbst bei rein technischen Fragen hat mir keiner der Minister oder Staatssekretäre, die der Muslimbruderschaft angehören, zugehört«, berichtet eine Freundin, die im Ministerrat gearbeitet hat, konsterniert. »Die haben sich immer nur ratsuchend an ihre eigene Hierarchie gewandt. Selbst bei international standardisierten diplomatischen Protokollen wurde der Rat erfahrener Beamter des Außenministeriums nicht herangezogen – Grund für zahlreiche diplomatische Peinlichkeiten. Selbst der so entspannten Angela Merkel soll der Geduldsfaden gerissen sein, als Mursi bei seiner Visite in Berlin forderte, bei einem Essen mit der Kanzlerin dürfe kein Alkohol serviert werden. Mehr als nur ein Fauxpas war natürlich der absolute Unwille der Mursi-Regierung, sich von erfahrenen ägyptischen Spezialisten angesichts der katastrophalen Lage in Fragen der Wirtschaftspolitik beraten zu lassen und vor allem auf die stetig zunehmende Opposition aller politischen Richtungen zuzugehen. Statt ihr in einer großen Koalition wichtige Ministerialposten anzubieten und Kompromissbereitschaft zu zeigen, gab es höchstens vage Offerten zu einem nationalen Dialog. Dagegen verfolgte die Regierung vor allem ein Ziel: die eigene Macht zu sichern. So kuschte sie vor der Armee, als diese bei Demonstrationen weltlicher Oppositioneller Dutzende von Menschen tötete. So versuchte sie sämtliche öffentlichen Institutionen unter ihre totale Kontrolle zu bringen, vor allem die Ministerien, die wichtigen Posten der Provinzgouverneure und die Schaltstellen im Staatsrundfunk und in den staatlichen Printmedien. Selbst die Leitung kultureller Einrichtungen wie des Kairoer Opernhauses wurde mit inkompetenten und fachfremden, aber den Muslimbrüdern freundlich gesinnten Personen besetzt. Für extrem großen Unmut sorgte die Ernennung eines Mitglieds der ehemals dschihadistischen Gamaa Islamija zum Gouverneur der für den Tourismus so wichtigen Stadt Luxor. Die Organisation entstand in den siebziger Jahren als Abspaltung der Muslimbruderschaft und ist für einen Anschlag auf Touristen verantwortlich, den Mitglieder 1997 am Tempel der Hatschepsut unweit von Luxor verübt hatten und bei dem 62 Menschen ums Leben gekommen waren. Westliche Kritiker verglichen den Versuch des Präsidenten, alle wichtigen Posten und Ämter den eigenen Anhängern zu geben – vielleicht etwas überspitzt –, mit der Gleichschaltungspolitik der deutschen Nationalsozialisten.

Mursi wurde, selbst in den Augen seines Anhängers Hischam, allmählich zum Pharao, genauso wie alle Präsidenten vor ihm. »In Ägypten scheint dies eben so zu sein, das ist unser Fluch«, sagt er. Er wurde zwar demokratisch gewählt, aber sein Demokratieverständnis beschränkte sich auf das Konzept einer Diktatur der Mehrheit – egal wie knapp diese war und wie schnell sie schwand. Entscheidungen wurden in pharaonischer Manier ohne jede Transparenz von den höchsten Instanzen der Muslimbrüder getroffen. Diese totale Undurchsichtigkeit wurde durch eine Kultur der Geheimhaltung befördert, die die Muslimbruderschaft sich in den Jahrzehnten ihres Verbotes im Untergrund aneignete.

Ihre größte Schwäche war jedoch ihre Unfähigkeit, eine kohärente und pragmatische Politik zur Lösung der riesigen wirtschaftlichen und sozialen Probleme Ägyptens zu formulieren. Dieser Tatsache widerspricht auch Hischam nur der Form halber: »Mursi hätte einfach mehr Zeit gebraucht.« Hischam nennt, wie die meisten Muslimbrüder, eklektisch einige der wichtigsten und schon so oft gehörten Programmpunkte: Ägypten müsse sich von ausländischen Einflüssen befreien; die Rückkehr zum wahren Glauben würde aus den Ägyptern bessere und integere Menschen machen; somit auch die gigantische Korruption im Lande reduzieren, genauso wie die Einführung des islamischen Rechts der Scharia. Und schließlich müsse die panislamische Solidarität mit den Glaubensbrüdern in den anderen arabischen und islamischen Ländern und Gebieten gefördert werden. Hischam hat selbst eine strapaziöse Reise in den Gazastreifen unternommen, um dort Solidarität mit den Palästinensern zu demonstrieren. Die Reise war so anstrengend, dass er nach einem leichten Herzinfarkt zwei Wochen in einem Krankenhaus in al-Arish im Nord-Sinai verbringen musste.

Ich entgegne ihm, dass seine Programmpunkte Teil einer

längst überholten politischen Vision aus den Anfangsjahren der Bruderschaft und zumeist leere Worthülsen seien. Die Unabhängigkeit vom Ausland war in den Gründungsjahren der Bruderschaft, von den dreißiger bis Mitte der fünfziger Jahre, aktuell, als die Briten noch Kolonialmacht waren, den Suezkanal kontrollierten und die wichtigsten Industrieanlagen und der Landbesitz in der Hand von Ausländern lagen. Ägyptens antikolonialer Kampf ist allerdings längst vorbei. Sicherlich ist das Land stark von den USA abhängig, aber mit Amerika hatten sich die Muslimbrüder erstaunlich gut arrangiert. Und obwohl sich die ägyptische Gesellschaft, insbesondere seit der Niederlage gegen Israel während des Sechstagekrieges im Jahr 1967, stetig weiter islamisiert hatte – unter anderem aufgrund der intensiven Basisarbeit der Muslimbrüder –, sollte dieser Prozess mit Hilfe des Staates weiter forciert werden. Dies ärgerte viele Ägypter, auch sehr gläubige, denn diese sind der Ansicht, Religion sei eine persönliche Sache zwischen den Gläubigen und Gott, da habe sich die Regierung nicht einzumischen. Die Muslimbrüder sollten sich gefälligst um die wirklichen Probleme des Landes, allen voran die Sicherheit und die Wirtschaft, kümmern.

Auch die Forderung der Muslimbrüder nach der Einführung des islamischen Rechts schien vielen Ägyptern antiquiert. Die Scharia, ein oftmals widersprüchlicher, über Jahrhunderte von islamischen Rechtsgelehrten entwickelter Gesetzeskorpus, ist bereits eine der Grundlagen ägyptischer Justiz; der ägyptische Staat ist in seiner Verfassung als »islamisch« definiert. Dass Ägypten vor allem tatsächliche Rechtssicherheit, Bürgerrechte und eine moderne Wirtschaftsgesetzgebung braucht statt endlose Debatten über islamisches Recht, ist natürlich dem Anwalt Hischam mehr als bewusst. Auch ihr panislamisches Projekt hat die Brüder einiges an Popularität gekostet. Ihnen wurde vorgeworfen, Ägyptens Belange und die ägyptische Identität zu verraten und stattdessen einen wirren Traum vom Kalifat aller Muslime zu verfolgen – und dabei das Land zu opfern. Selbst Kader der Muslimbrüder sind der Überzeugung, dass die Bewegung sich nicht in eine politische Partei hätte umwandeln, sondern weiter als Organisation auf gesellschaftlicher Ebene arbeiten sollen. In ihrer Partei gebe es gerade in der Wirtschaftspolitik so viele unterschiedliche Interessen, dass diese sich irgendwann spalten würde, erklärte mir ein junger Unternehmer. Er ist wie sein Vater seit langem Mitglied der Bruderschaft, gehört jedoch der jungen, reformwilligen Fraktion an, die mit den alten, verkrusteten Strukturen brechen will. Hischam, der Anwalt, behauptet schließlich, immerhin würde sich die Partei ja für soziale Gerechtigkeit einsetzen. Dies stand in der Tat auf fast allen Wahlkampfplakaten und in allen Broschüren. Auf die Frage, was denn die Partei der Brüder in Sachen soziale Gerechtigkeit unternehme, gibt Hischam wieder nur eine vage Antwort: Es gebe Programme, aber man brauche etwas Zeit. Was denn zum Beispiel mit der Besteuerung der Reichen sei – den Muslimbrüdern gehören auch Milliardäre an, wie Kheirat al-Shater, die Nummer zwei der Organisation. Ja, die Reichen sollte man besteuern, aber dies sei schwierig, erklärt Hischam. Außerdem liege der wirkliche Reichtum des Landes in den Händen der alten Eliten und vor allem der Christen. Darüber, dass man in Ägypten davon überzeugt ist, die ultrareiche Elite der Muslimbrüder habe während Mursis Regierungszeit – genau wie der Mubarak-Klan vor ihnen – staatliches Land und öffentliche Aufträge unter ihre Kontrolle zu bringen versucht, schweigt Hischam. Konkrete Vorschläge in Sachen Steuern und Vermögensumverteilung zur Bekämpfung der riesigen sozialen Ungerechtigkeit macht auch er nicht.

Bei unserem ersten langen Gespräch im Juni war sich Hischam zwar bewusst, dass die Muslimbrüder und ihre Regierung in allen Gesellschaftsschichten stark an Beliebtheit verloren haben, dennoch war er davon überzeugt, dass die Islamisten an der Macht bleiben. »Wenn wir die Salafisten dazurechnen, dann stehen weit mehr als 60 Prozent der Ägypter hinter uns«, behauptete der Anwalt. Ich fragte ihn, was eigentlich der Unterschied zwischen Salafisten und Muslimbrüdern ist. Hischam ist sich nicht ganz sicher. Alle wollten ja schließlich zum wahren Islam zurückkehren, nur seien die Salafisten strenger, wollten Musik verbieten und Kleidervorschriften auch für Männer durchsetzen. Sie seien jedoch eine relativ neue Bewegung, die politisch unerfahren und wenig strukturiert sei und deshalb von den Erfahrungen der Muslimbrüder nur lernen könne. Wie auch immer: Die Islamisten würden auf jeden Fall die Macht nie wieder an weltliche Gruppen abgeben müssen. »Dazu sind wir zu stark.« Die liberalen Parteien seien für das Volk keine ernst zu nehmende Alternative, sie seien zu elitär. »Wir Islamisten haben Ägyptens Straßen fest in der Hand«, behauptete Hischam. Die weltlichen Parteien seien alle untereinander zerstritten. Nur durch ihre Allianz mit der christlichen Minderheit Ägyptens, die ungefähr zehn Prozent der Bevölkerung ausmacht, hätten diese Gruppierungen überhaupt irgendeinen Einfluss und kämen bei Wahlen vielleicht auf 30 Prozent der Stimmen.

Hischams Worten kann man immer wieder entnehmen, dass ihm die ägyptischen Christen Unwohlsein bereiten. Es ist kein offener Hass, keine Feindschaft, aber eine starke Antipathie. Ich frage nach. Ja, die Christen seien die Bevölkerungsgruppe, die dem islamischen Projekt in Ägypten den stärksten Widerstand entgegenbringen, ansonsten habe er nichts gegen sie – solange sie sich dem Willen der Mehrheit unterordnen würden.

Hischam täuschte sich in seiner damaligen politischen Analyse sehr. Als Ende Juni 2013 die *Tamarod*-Kampagne nach Schätzungen über 20 Millionen Unterschriften sammelte und es danach zu Massenkundgebungen von ebenfalls mehr als 20 Millionen Menschen kam, da waren es nicht die Muslimbrüder, die Ägyptens Straßen beherrschten, sondern eine große Koalition aus jungen Revolutionären, weltlichen Parteien, Anhängern der ehemaligen Mubarakdiktatur und die von den Muslimbrüdern so hofierten Militärs. Die vermeintlich »politisch unerfahrenen und als Alliierte so zuverlässigen« Salafisten waren unter den Ersten, die das sinkende Schiff verließen und dem »Putsch im Namen des Volkes« ihren Segen gaben. Die Salafisten beteiligen sich sogar nach dem Sturz Mursis an dem Komitee, das eine neue Verfassung ausarbeitet.

Die Muslimbrüder lehnten ein Angebot zur Teilnahme ab. Am 30. Juni 2013, kurz vor der Absetzung Mursis, telefoniere ich mit Hischam. Er zeigte sich natürlich entsetzt über das Ultimatum, welches die Armee den Muslimbrüdern zur Bildung einer Allparteienregierung gesetzt hatte, aber auch über die mangelnde Dialogbereitschaft seines Präsidenten: »Ägypten kann man nur gemeinsam regieren, aber Mursi verschließt jetzt alle Türen. So wird das islamistische Projekt um Jahrzehnte zurückgeworfen.«

Heute, im Herbst 2013, sitzen wir wieder in dem Teehaus mit dem unerträglichen Straßenlärm im Hintergrund. Selbstverständlich hat Hischam für die Wiedereinsetzung des legitimen Präsidenten demonstriert, nicht auf dem Rabaa al-Adawiya-Platz in Nasr City, sondern in Gizeh, neben der Universität von Kairo, tagsüber, mit seiner Familie. Abends ist er wieder nach Hause gefahren, um eine Konfrontation mit den brutalen Sicherheitskräften zu vermeiden. Vermutlich sind seit dem Sturz Mursis mehr als 1000 Muslimbrüder durch Sicherheitskräfte und aufgebrachte Gegner getötet worden.

Ich frage Hischam, ob nicht zahlreiche Muslimbrüder selbst zu der Eskalation beigetragen haben; durch Aufrufe ihrer Führer, bis zum letzten Blutstropfen zu kämpfen, und durch tatsächliche bewaffnete Angriffe auf Polizeistationen, auf politische Gegner und vor allem auch auf Dutzende von christlichen Gemeinden. Attacken, die Hunderte das Leben gekostet haben.

Hischam versucht auszuweichen und antwortet, in der aufgeheizten Stimmung würden die Muslimbrüder für alle Übel des Landes verantwortlich gemacht und zu Unrecht als Terroristen abgestempelt. Zynische Witze wie »Das Tote Meer ist tot, weil die Muslimbrüder es umgebracht haben« würden die Runde machen. Er warnt jedoch gleichzeitig vor einer weiteren Radikalisierung einiger Muslimbrüder. Wenn die Verhaftungswelle gegen führende Brüder weiterginge, dann sei die

Gefahr der Gewalt noch größer, da niemand mehr einen mäßigenden Einfluss auf die einfachen Mitglieder ausüben könne und das neue Regime keine Verhandlungspartner mehr hätte. Der Anwalt fährt gelassen und mit erstaunlich wenig Zorn fort: »Die Revolution geht weiter.« Das Blut, welches Militär und Sicherheitskräfte haben fließen lassen, zeige allen Ägyptern die wahre Natur des Regimes, und eine Rückkehr zu einer Militärdiktatur ließen sich die weltlichen Gruppen nicht gefallen. Schließlich fügt er noch hinzu: »Weißt du was, der wahre Islamismus ist für mich eine Demokratie, wie ihr sie in Europa habt. Damit meine ich einen Rechtsstaat, demokratisch gewählte Regierungen und soziale Gerechtigkeit.« Vielleicht sagt er so etwas, weil er mittlerweile selbst Angst vor einer Verhaftung hat. So bat er mich bei unserem letzten Gespräch, seinen Namen zu ändern – aber irgendwie glaube ich ihm, ein bisschen zumindest.

Doch wenn der Anwalt, wie viele andere Muslimbrüder, sein Bekenntnis zur Demokratie ernst meint, warum entwickelte sich die Herrschaft der Muslimbrüder dann selbst zu einer Diktatur? Weil es bei den Muslimbrüdern eben so ziemlich alles gibt, von Demokraten bis zu gewalttätigen Islamo-Faschisten, erhalte ich als Antwort. Ich frage Hischam, was die Muslimbrüder in ihrer kurzen Amtszeit falsch gemacht haben. »Mursi und seine Leute haben keinem mehr zugehört und versucht, ihre Politik um jeden Preis durchzusetzen, genau wie alle bisherigen Machthaber in Ägypten.« Die im Moment so beliebten Militärs würden denselben Fehler machen: »Gewalt erzeugt jedoch immer nur noch mehr Gewalt.«

»Islam ohne Zuckerguss«

Salafismus und Salafisten

Es ist sicherlich der ruhigste und angenehmste Ort zum Flanieren in Alexandria. Eine erfrischende Brise weht vom Meer. Der Park um den Montaza-Palast, der Anfang des 20. Jahrhunderts gebaut und als Sommerresidenz König Fuads I. und später als Präsidentenresidenz Sadats sowie Mubaraks diente, ist sehr gepflegt. Paare spazieren hier Händchen haltend in der milden Abenddämmerung, oftmals mit Kinderwagen. Die meisten sind westlich gekleidet, doch zahlreiche Frauen tragen ebenso elegant die *Abaya* und den *Niqab*, das aus Saudi-Arabien stammende schwarze Gewand, das den gesamten Körper bedeckt, und den Gesichtsschleier, der nur einen kleinen Spalt für die Augen frei lässt. Dafür sind die *Abayas* oft so eng anliegend, dass sie Körperformen stärker betonen als so manches kurzärmlige Sommerkleid. Ihre Männer tragen meist weiße Gewänder, die kurz über dem Fußknöchel enden, gepflegte Vollbärte und als Accessoires Sonnenbrillen und modische Sporttaschen von Marken wie Puma, Diesel oder Adidas.

Ich spreche einen der Männer an – die Frauen würden nicht mit mir reden. Er hat blaue Augen, ist sehr hellhäutig und kommt ursprünglich aus Frankreich, aus der Gegend von Grenoble. Der Franzose lernt in Alexandria Arabisch und nimmt Religionsunterricht. Die Stadt am Mittelmeer sei zwar weit von den heiligen Städten Mekka und Medina in Saudi-Arabien, wohin er eigentlich wollte, entfernt, aber dafür sehr viel preiswerter. In Alexandria könne man komfortabel leben, der nächste Supermarkt der französischen Kette *Carrefour* liege nur wenige hundert Meter entfernt. Der Konvertit ist jedoch ziemlich enttäuscht von seinem Gastland. Der ganze Dreck und Unrat auf den Straßen verstoße gegen Prinzipien des Islam, die besagen, Sauberkeit sei Teil des Glaubens und Unsauberkeit Teufelswerk. Generell fragt sich Emanuel, der jetzt den neuen muslimischen Namen Raschid, arabisch für *der richtig Geleitete*, trägt, ob Ägypten überhaupt ein islamisches Land sei. Oftmals sei die Respektlosigkeit vor dem Glauben schlimmer als in Europa. Ägyptische Jugendliche würden auf Motorrollern mit lauter Popmusik um die Moschee fahren – für ihn ein Sakrileg.

Der Franzose ist einer von mehreren hundert ausländischen salafistischen »Sprachschülern« in Alexandria; im ganzen Land leben einige tausend. Raschid ist Teil einer salafistischen »Internationale«, die sich in Alexandria aufhält und aus Franzosen, Engländern, Deutschen, Albanern, aber auch aus US-Amerikanern, Staatsbürgern ehemaliger Sowjetrepubliken wie Kirgisistan oder Kasachstan und muslimischen Chinesen – um nur einige Beispiele zu nennen – besteht. Dass sie sich in der zweitgrößten Stadt Ägyptens niedergelassen haben, ist kein Zufall: Zahlreiche salafistische Prediger wirken hier seit langem, vermutlich weil sie dort im Ägypten unter Mubarak weniger von den Sicherheitsbehörden beobachtet wurden als in Kairo.

Das Wort Salafismus war in Europa und vor allem in Deutschland lange nur Spezialisten bekannt, bis die Strömung durch Koranverteilungen und vor allem durch gewalttätige Aktionen Einzelner ins Licht der Medien geriet. Der Salafismus geht auf den Begriff der »frommen Altvorderen«, *salaf as-salih*, aus der Frühzeit des Islam zurück und ist eine pietistische Strömung des sunnitischen Islam, die den Koran und die Überlieferungen des Propheten als einzige Quellen des »wahren Glaubens« betrachtet. Dennoch ist der Salafismus ein Phänomen der islamisch-arabischen Moderne. Ohne die großen Fortschritte im Bildungswesen und vor allem der Alphabetisierung wäre es den Anhängern der Strömung nie möglich gewesen, die Texte aus der Frühzeit des Islam selber zu lesen und zu interpretieren, sie wären wie Generationen von Muslimen vor ihnen auf die Auslegungen traditioneller sunnitischer Gelehrter angewiesen. Gleichzeitig ist der Salafismus stark von der in Saudi-Arabien staatstragenden Doktrin des Wahhabismus beeinflusst. Saudi-Arabien hat jahrzehntelang durch seine nahezu global präsenten islamischen Organisationen wie die Islamische Weltliga die salafistische Weltanschauung mit seinen Öl-Milliarden gefördert. Das Königreich ist der Ursprung fast aller salafistischen Gruppen weltweit. Die Salafisten versuchen bis ins kleinste Detail das Beispiel des Propheten zu imitieren – sei es durch die Kleidung, die Form des Bartes oder die Zahnpflege. Sie benutzen für ihre

Ägyptische Salafisten demonstrieren vor Tunesiens Botschaft in Kairo
für die Freilassung tunesischer Gesinnungsgenossen

Oralhygiene ein kleines Stöckchen des in Arabien wachsenden, auch als »Zahnbürstenbaum« bezeichneten Arakbaumes.

Obwohl die große Mehrheit aller Salafisten weltweit und somit auch in Ägypten nicht gewaltbereit ist, bilden leider Teile ihrer Ideologie den geistigen Nährboden der kleinen Minderheit von Muslimen, die als Dschihadisten bezeichnet werden. Dschihadismus ist die wohl extremistischste Auslegung des sunnitischen Islam. Das Konzept des Dschihad, welches im Islam vielfältige Bedeutungen hat, etwa die einer inneren Glaubensanstrengung, wird hier allein auf den bewaffneten Kampf reduziert. Dieser Kampf wiederum ist in den Augen der Dschihadisten nicht nur das Hauptinstrument zur Lösung der meisten Probleme der muslimischen Welt, sondern auch der einzige Weg zur persönlichen Erlösung im Paradies. Zwischen dem zumeist friedlichen Salafismus und dem Dschihadismus bestehen beunruhigende Überschneidungen bei extremistischen Interpretationen islamischer Konzepte. Um nur drei zu nennen: Erstens: Die alleinige Loyalität und Freundschaft mit Muslimen und die strikte Ablehnung von Nicht-Muslimen, auf Arabisch *al-wala wal-bara*. Diese Ausgrenzung schafft automatisch ein Feindbild. Zweitens: Die strikte Ablehnung der Götzenanbetung, das Konzept des *taghut*, welches die klassische sunnitische Idee, dass neben Gott keine anderen Gottheiten oder Heiligen verehrt werden sollen, radikal ausweitet. Zur Götzenanbetung wird jedwede Akzeptanz von Prinzipien und Verpflichtungen, die nicht ausdrücklich im Koran und der *sunna*, den Überlieferungen des Propheten, vorgeschrieben oder gutgeheißen werden. Demokratie und alle nicht im Islam verankerten Staatsformen und Rechtssysteme gelten in dieser Weltsicht als Götzen. Muslime, die weltliche Regierungen höherstellen als die salafistische Auslegung des muslimischen Glaubens und des islamischen Rechts, sind folglich der Götzenanbetung schuldig. Hier machten jedoch zahlreiche ägyptische Salafisten aufgrund ihrer Beteiligung an demokratischen politischen Prozessen eine Kehrtwendung. Theoretisch droht auch ihnen eine Form von Exkommunikation, das *takfir*, das dritte Konzept, sie sind somit keine wahren Muslime mehr. Der Begriff *takfir* stammt im Arabischen von der gleichen Wurzel ab wie das Wort *kafir*: Ungläubiger. Der Dschihad wiederum, im Sinne von bewaffnetem Kampf, darf nur gegen Ungläubige, Christen, Juden und eben abtrünnige Muslime geführt werden – dann allerdings ist er Pflicht. Das Konzept des *takfir* ist eine der bedrohlichsten Gemeinsamkeiten von radikalem Salafismus und Dschihadismus.

Ich fahre mit einer der verbeulten schwarz-gelb gestrichenen Taxen in den Alexandriner Stadtteil *Miami*, unweit des gleichnamigen Strandes. Hier befinden sich die Räumlichkeiten einer der bei ausländischen Muslimen beliebtesten »Sprachschulen«: Qortoba, arabisch für Córdoba, der andalusischen Stadt, die im 10. Jahrhundert Sitz des Umayyaden-Kalifats und Zentrum des Lernens unter den Mauren war. Das Institut, mit dem viele Muslime einen mythischen Namen verbinden, ist bei den gläubigen Ausländern beliebt. Der Buchhalter der Schule empfängt mich sehr freundlich, fragt aber nach, ob ich die Schule schlechtmachen wolle, wie erst kürzlich ein deutscher Journalist, der sich hier unter dem Vorwand, Arabisch lernen zu wollen, eingeschlichen habe. Geschrieben habe er dann, der Ort sei ein Nest voller Extremisten. Nur weil hier mal ein deutscher Terrorist studiert hat. Dabei sei das hier eine normale moderate Schule. Wenn die Schüler in ihrer Freizeit radikale Prediger besuchen würden, dann sei das deren Problem. Mir war diese Geschichte des deutschen Terroristen vage in Erinnerung geblieben. Es handelte sich um Daniel Schneider, Mitglied der Sauerland-Gruppe, die Anschläge in Deutschland plante. Schneider wurde zu zwölf Jahren Gefängnis verurteilt. Der Journalist wiederum heißt Fritz Schaap. Er hatte allerdings nicht geschrieben, dass das Institut eine Schule des Terrors sei, sondern bezüglich der Islamauslegung eben tendenziös sei.

Ich blättere durch ein Lehrbuch. Es stammt aus Saudi-Arabien. Die Skizzen zum Erlernen der arabischen Wörter für den menschlichen Körper und seine Organe zeigen Männer mit langen Hosen und Hemden. Das Vokabular für die Genitalien wird schlicht ausgespart. Auf der Weltkarte sind sämtliche muslimischen Länder farbig markiert. Das Buch endet mit einem Kapitel über die Pilgerfahrt nach Mekka – sozusagen als Ziel und Belohnung. Ein englisches Werk über das Christentum im Bücherregal des Vorraums erklärt anhand vermeintlich wissenschaftlich fundierter Argumente, etwa dass Jesus ja geboren wurde und auch gestorben ist, dass es keine Dreifaltigkeit geben könne. Neben mir sitzt ein russischer Muslim im Empfangsraum.

Er ist sehr misstrauisch und möchte nicht wirklich mit mir sprechen. Ich browse durch die Webseite des Instituts. Die herausragende Qualität von Fast Food in Alexandria wird gelobt – sie habe Weltstandard. Daneben wird in der Rubrik für Frauen betont, dass Mitglieder des weiblichen Geschlechts am

Qortoba-Institut in Übereinstimmung mit islamischen Prinzipien nur mit der Erlaubnis ihres männlichen Vormundes studieren und vor allem auch nur dann nach und innerhalb Ägyptens reisen können. Wenn der Vormund, damit sind Väter, Brüder oder Ehemänner gemeint, nicht nach Ägypten reisen könne, sei das Institut bereit, mit schriftlicher Einwilligung dessen Rolle zu übernehmen. Diese »Bestimmung« verstößt eindeutig gegen ägyptisches Recht und existiert in der ganzen muslimischen Welt nur in Saudi-Arabien – dem intellektuellen Ursprungsland des Salafismus. In einem der Schulbücher steht handschriftlich in Englisch notiert: »Stay away from me if you want to stay alive« – Halte dich von mir fern, wenn du am Leben bleiben willst. Ich frage mich, ob dieser Satz auch Teil der Schulung der oftmals frisch konvertierten Muslime aus aller Welt ist.

Die ausländischen Salafisten sind jedoch in Ägypten vor allem ein interessantes Randphänomen. Dies kann man von den einheimischen Salafisten keineswegs mehr behaupten. Der Salafismus mag eine weltweite Strömung sein, doch nirgendwo spielen seine Anhänger heute eine so entscheidende politische Rolle wie in Ägypten. Bei den Parlamentswahlen in den Jahren 2011 und 2012 bekamen sie über sieben Millionen Stimmen und wurden somit zur zweitgrößten Fraktion in der inzwischen wieder aufgelösten Volksversammlung. Stark vertreten waren sie auch im verfassungsgebenden Konvent. An der Staatsspitze wirkten Salafisten als Berater des abgesetzten Präsidenten Mohammed Mursi.

Das wahhabitische Gedankengut, welches dem Salafismus zugrunde liegt, wurde in Ägypten bereits Anfang des 19. Jahrhunderts durch Gelehrte aus Saudi-Arabien verbreitet – sie waren Geiseln des damaligen Herrschers Muhammad Ali Pascha. Die ägyptischen Salafisten von heute berufen sich aber vor allem auf einheimische Gründerväter, etwa auf legendäre Denker der »arabischen und islamischen Renaissance«, der *Nahda*. Die erste salafistische Organisation, *Ansar as-Sunna al-Muhammadiya*, »Gefährten der Tradition des Propheten«, entstand 1926 in Kairo – zwei Jahre vor der Muslimbruderschaft. Der apolitische Gelehrtenverein publizierte die wichtigsten salafistischen Schriften und propagierte die Ideologie durch seine Studenten im ganzen Land. Allerdings fand er nicht den gleichen Massenzulauf wie die von Beginn an gesellschaftlich und politisch engagierten Muslimbrüder. Massiv ausgebreitet hat sich der Salafismus in den achtziger und neunziger Jahren. Die von Saudi-Arabien mit seinen Öl-Milliarden geförderte Verbreitung wahhabitisch-salafistischen Gedankenguts zeigte ihre Wirkung. Außerdem brachten viele der Ägypter, die zu Hunderttausenden zeitweilig im saudischen Königreich arbeiteten, die religiöse Ideologie in ihre Heimat. Um die Jahrtausendwende verhalf das Mubarakregime dem Salafismus zu einem weiteren Schub. Es tolerierte zahlreiche informelle salafistische Religionsschulen und genehmigte Fernsehsender unter der Bedingung, dass die Programme nur religiöse Themen behandelten. Viele Salafisten wurden als »TV-Evangelisten« berühmt, darunter führende Politiker von heute, wie der zeitweilige Präsidentschaftskandidat Hazem Salah Abu Ismail. Das damalige Mubarakregime, das sich dem Westen als »antiislamistisches Bollwerk« anbiederte, hoffte auf die Schwächung der Muslimbrüder, der mächtigsten

Oppositionsgruppe, durch Stärkung der vermeintlich apolitischen Salafisten.

Als Anfang 2011 der Umbruch in Ägypten begann, verhielten sich die größten salafistischen Gruppierungen und ihre Gelehrten zunächst zurückhaltend. Sie beteiligten sich kaum an den Massenprotesten oder sprachen sich sogar dagegen aus. Umso erstaunlicher war es, dass im Frühjahr 2011 sehr schnell Parteien gegründet wurden, selbst durch ehemalige Dschihadisten.

Bei den Parlamentswahlen gingen dann 25 Prozent der Stimmen an die »Islamische Allianz« – ein salafistisches Bündnis, bestehend aus der dominierenden Partei des Lichts, *Al-Nour*, und zwei wesentlich kleineren Parteien. Die Islamische Allianz wurde nach den Muslimbrüdern zur zweitstärksten Kraft im Parlament, weit vor den zersplitterten säkularen Altparteien und den von Revolutionären gegründeten Formationen. Entscheidend für den Erfolg waren die eindrucksvolle Wohltätigkeitsarbeit der Salafisten und ihr Versprechen, die Armut im Land dauerhaft zu bekämpfen. Zudem gelang es ihnen, die Muslimbrüder bei vielen islamistischen Wählern mit dem kompromittierten Mubarakregime in Verbindung zu bringen und sich selbst als unbelastete, »reine« Alternative darzustellen.

Zahlreiche Skandale, etwa Lügen eines Parlamentariers über im Salafismus eigentlich verbotene Schönheitsoperationen oder die Verhaftung eines Abgeordneten wegen Unzucht in der Öffentlichkeit – der Mann wurde beim Geschlechtsverkehr mit einer unverheirateten Frau in einem Pkw erwischt –, haben den politisch aktiven Salafisten einiges ihrer

Aura religiöser und moralischer Tadellosigkeit genommen. Trotz dieser »Pannen« versuchten die Salafisten sich weiterhin als Saubermänner Ägyptens zu profilieren und sagten sich trotz innerer Meinungsverschiedenheiten sehr schnell von Mohammed Mursis Regierung los, um nicht mit deren Unbeliebtheit in Verbindung gebracht zu werden. Sollte das Land wieder den Pfad der Demokratie beschreiten, könnten sie zu Königsmachern werden. Gerade nach außen versuchen die Führer der Strömung in einem schwierigen Spagat Weltoffenheit, Moderne und gleichzeig puristische und oftmals reaktionäre Prinzipientreue zu demonstrieren. Hierzu stehen ihnen eine ganze Reihe von Vorzeige-Salafisten zu Verfügung.

Dr. Hatem Al Haj – *Haj* ist ein Ehrentitel für jene, die die Pilgerfahrt nach Mekka absolviert haben – ist einer von ihnen. Hatem, dessen bürgerlicher Name El-Hagaly lautet, ist Kinderarzt und außenpolitischer Berater der Führung der *Al-Nour*-Partei. »Proper« ist das erste Wort, an das man denkt, sobald man seine Wohnung in einem schicken und gepflegten Kairoer Vorort betritt. Das Wohnzimmer ist dank Klimaanlage wohl temperiert, die edlen beigen Couchgarnituren makellos, kein Körnchen Staub auf dem flachen Kaffeetisch. Trotz der westlichen Eleganz des Mobiliars ist Eingeweihten sofort klar, dass dies das Zuhause eines Salafisten ist – selbst wenn der Doktor in makelloser weißer Dschallabija mit perfekt getrimmtem Vollbart nicht anwesend wäre. An den Wänden hängt kein einziges Bild, nicht einmal die in Ägypten sonst unentbehrlichen Familienfotos. Salafisten sind der Ansicht, Abbildungen aller Schöpfungen Gottes seien streng verboten – eine extreme Auslegung des islamischen Bilderverbotes. Dieses bezieht sich eigentlich vor allem auf die Dekoration von Moscheen und darauf, dass man niemanden außer Gott verehren soll.

Ein Klopfen an die Wohnzimmertür ist das Signal. Der Doktor steht auf, verlässt das Zimmer und lässt sich von seiner Frau in der Küche Speisen und Getränke übergeben. Salafismus verpflichtet: Die Dame des Hauses soll ich nicht zu sehen bekommen. Er serviert ein großes Stück sehr süßer Schokoladentorte mit viel Sahnecreme. Vielleicht ist es die Torte, die Dr. Hatem inspiriert. Salafismus sei eben »Islam ohne Zuckerguss«, erklärt er. »Wenn ich ›Islam ohne Zuckerguss‹ sage, dann meine ich nicht einen bitteren Islam, sondern einen Islam ohne sinnlose Verschnörkelungen. Diese Einfachheit macht den Charme und den Erfolg des Salafismus aus.« Ein reiner Ur-Islam sei das Ziel und dieser sei eben nur im Koran und in der Sunna zu finden. Alle späteren Ergänzungen seien »Zuckerguss«. Die Einflüsse der griechischen Philosophie oder etwa die Mystik des Sufismus hätten den Islam und seine Hochkultur korrumpiert und deshalb könne man nicht mit dem Westen mithalten. Mit griechischer Philosophie, vor allem der Rationalität, habe Dr. Hatem keine Probleme, zum Beispiel in den Naturwissenschaften und manchen Sozialwissenschaften. Aber in der göttlichen Offenbarung habe sie nichts zu suchen. »Allahs Worte – die Welt des Unsichtbaren – über die Bestimmung der Menschen, das Fegefeuer oder das Paradies, die Engel und vor allem die göttlichen Attribute können nicht durch die Brille der Rationalität gesehen werden.«

Ein wichtiger Punkt: Seit dem frühen Mittelalter haben große islamische Gelehrte und Philosophen wichtige griechische Texte übersetzt; einige davon, etwa Aristoteles, sind uns nur durch diese arabischen Übersetzungen erhalten. Diese Gelehrten versuchten auch, den Islam im Lichte der griechischen Rationalität zu interpretieren und beispielsweise Vernunft in Einklang mit dem Glauben zu bringen. Dies lehnen die Salafisten strikt ab.

Dr. Hatem spricht perfekt Englisch mit amerikanischem Akzent, da er in den USA Medizin studiert hat. Er gibt sich sehr modern. Natürlich dürfen Frauen wählen und arbeiten, und seine Töchter sollen an der Amerikanischen Universität in Kairo, einer Eliteeinrichtung, studieren. Doch selbstverständlich bräuchten Kinder ihre Mütter mehr als ihre Väter und zum Schutz der Kinder sollten die Frauen eben weniger arbeiten. Man hätte ja in Europa und den USA seit dem Zweiten Weltkrieg beobachtet, zu was es führen würde, wenn Frauen vollbeschäftigt sind: beispielsweise zu Fettleibigkeit und Verhaltensstörungen bei den Kindern. Die Frauen wären dankbar, wenn sie beschützt würden, weniger arbeiten müssten und längere Auszeiten während der Mutterschaft hätten, behauptet er. »Intellektuell frivol« findet er die Idee, dass eine Frau die Präsidentin Ägyptens werden könne. Dies hätte es ja selbst in den USA noch nicht gegeben. Salafistische Moderne hat ihre Grenzen.

Hatems Großvater war Imam in einem kleinen Dorf, folgte aber eher dem vom Sufismus beeinflussten traditionellen Islam Ägyptens. Sein Vater war ein weltlich gesinnter hoher Offizier der ägyptischen Streitkräfte. »Damals waren die meisten Ägypter weltlich«, sagt der Arzt. »Meine Geschichte ist der Spiegel der ägyptischen Gesellschaftsgeschichte.« Sein Vater begann im fortgeschrittenen Alter, als die ganze Gesellschaft wieder religiöser wurde, ebenfalls zu beten. Dr. Hatem ist im Übrigen in der Salafistenhochburg Alexandria groß geworden. Hier kam er erstmals mit Mitgliedern der Bewegung in Kontakt und war vor allem von ihrer Wohltätigkeitsarbeit begeistert. Er besuchte die Armenviertel, verkaufte dort Obst und Gemüse weit unter den Marktpreisen. Hatem besuchte die Vorlesungen salafistischer Scheichs und soll schon im zarten Alter von 16 Jahren in den Moscheen vorgebetet haben. Er hat nicht nur Medizin studiert, sondern besitzt auch einen Doktortitel im »vergleichenden islamischen Recht« einer Universität im libanesischen Tripoli – einer weiteren Hochburg der Salafisten. Von seinen Glaubensbrüdern wird er ehrfürchtig »Scheich« genannt. 22 Jahre lang hat Hatem in den USA gelebt. Er besitzt die amerikanische Staatsangehörigkeit und unterrichtet dort nach wie vor an einem islamischen Institut, das sich selbst als Universität bezeichnet und den überheblichen Namen Mishkah, arabisch für *Nische des Lichtes*, trägt. Auch auf diese Weise verbreitet sich der Salafismus in der ganzen Welt.

Warum haben sich Ägyptens Salafisten auf die politischen Prozesse eingelassen und eine Partei gegründet? »Wir waren ja schon einmal an der Macht«, behauptet Hatem und meint damit das für die Salafisten mythische goldene Zeitalter des Propheten und seiner ersten vier Nachfolger, der sogenannten »Rechtgeleiteten Kalifen«, die im 7. Jahrhundert herrschten. Dass es damals in den ersten Jahren des Islam, nach dem Tod des Propheten, bereits schlimme Bürgerkriege zwischen den ersten Muslimen auf der arabischen Halbinsel gab und mehrere »Rechtgeleitete Kalifen« von Glaubensbrüdern ermordet wurden, erwähnen die Salafisten fast nie. Auf jeden Fall dürfe man das öffentliche Leben und die Politik heutzutage nicht mehr den anderen überlassen. Sonst sei man selbst Schuld am Niedergang des Islam. Dies hätte die Geschichte bewiesen. Als *die Gelehrten* – hiermit meint er wiederum die mythischen frommen Altvorderen – eher weltlichen Herrschern freie Hand gelassen haben und sich frustriert zurückzogen haben, seien Religion und Politik getrennt und somit der Niedergang der islamischen Hochkultur besiegelt worden. Aus historischer Sicht ist diese salafistische Interpretation nicht zu halten. Die islamische Hochkultur ist aufgrund einer ganzen Reihe von Faktoren untergegangen, ihre Blütejahre waren von Weltoffenheit und Liberalität geprägt. Dr. Hatem erklärt, das langfristige Ziel der salafistischen Politik in Ägypten sei es, der ganzen Welt zu zeigen, dass islamistische Prinzipien und Ideale – gemeint sind natürlich salafistische – mit denen der Moderne vereinbar seien und dazu beitragen würden, die Kultur des Islam wieder aufblühen zu lassen. Dies würde jedoch nicht bedeuten, dass die Salafisten eine Theokratie, einen Gottesstaat, errichten wollten, sondern durch Interpretation und Adaptation von islamischen Prinzipien die Gesetzgebung und Politik so gestalten, dass sie im besten Interesse aller Ägypter – Muslime, Christen und aller anderen – sei. Wen Hatem mit »alle anderen« meint, ist mir nicht klar. Die wenigen verbliebenen Juden? Die chinesischen Einwanderer? Ägyptens große christliche Minderheit wird ihrerseits kaum geneigt sein, sich von salafistischen Prinzipien regieren zu lassen.

Aber was sind die konkreten Lösungsvorschläge der Salafisten für die enormen Probleme des Landes am Nil, etwa die der Wirtschaft? Wie so oft, wenn es sich um Politik handelt, haben sie nichts Konkretes anzubieten. Der Islam sei weder kapitalistisch noch sozialistisch, sondern islamisch. Aber die Menschen würden die islamischen Wirtschaftsprinzipien leider nicht kennen, bedauert der Kinderarzt. Dabei hatte doch selbst der Vatikan geschrieben, dass ein islamisches Bankensystem, bei dem es keine Zinsen, sondern eine Gewinnbeteiligung gibt, von Europas Banken angewendet werden sollte. Hatem präzisiert, das islamische System sei ein humaner und sozialer Kapitalismus. »Der Staat soll sich für die Armen einsetzen, die Reichen trotzdem reicher werden und sie ihr Potenzial umsetzen lassen.« Ich stelle mir die Frage, ob der Salafist eine wirre Form der sozialen Marktwirtschaft befürwortet oder einfach ganz und gar naiv ist.

Hatem sagt, *Zakat*, Almosen und Armenhilfe, seien eine der fünf Säulen des Islam. Mit der Regierung Mohammed Mursis, mit dem die Salafisten zeitweise verbündet waren, war Hatem von Anfang an unzufrieden. Die im Gegensatz zu den Salafisten straff organisierte und verkrustete Bruderschaft hätte sich immer weiter von den Belangen des Volkes entfernt. Doch er hatte auch Verständnis für die Schwierigkeiten der Muslimbrüder. Ihn wundere nichts. Nach jahrzehntelanger Diktatur ließe sich das Land nicht einfach umkrempeln. Und natürlich würde das alte Regime im Staatsapparat und vor allem auch im Gerichtswesen immer noch viele Anhänger haben. Dieser »tiefe Staat« aus mächtigen Netzwerken von Islamismusgegnern versuche Erfolge der Islamisten zu verhindern. Der Grad der Enttäuschung der Ägypter über die Regierung der Muslimbrüder sei natürlich von dem Grad der Erwartungen abhängig gewesen. Die Hoffnungen des Volkes seien einfach völlig unrealistisch gewesen.

Die Islamisten aller Strömungen, auch die Salafisten, seien im Übrigen natürlich sehr misstrauisch, da sie über Jahrzehnte die besten »Kunden« des Polizeiapparates und der Gefängnisse gewesen seien – diese Angst habe lähmend gewirkt. Der Kinderarzt ist bereit, mit Ägyptern jeder politischen Richtung zusammenzuarbeiten, selbst mit den Befürwortern eines strikt weltlichen Staates. Der Prophet Mohammed habe ja schließlich selbst mit den Juden von Medina einen Pakt geschlossen.

Hatem möchte keinen »Islam mit Zuckerguss«. Versucht er selbst den Salafismus zu versüßen, indem er sich so moderat und offen zeigt? Das vermag ich nicht zu beurteilen. Klar hingegen ist, dass viele Salafisten an der Basis der Bewegung mit so einigem, was er sagt, nicht einverstanden wären. Hatem empfiehlt mir, eine Moschee nur ein paar Kilometer von seinem Haus entfernt zu besuchen. Er würde den Imam anrufen. Das Viertel, in dem das Gotteshaus steht, ist weitaus weniger schick als das, in dem Hatem wohnt: Sozialistisch anmutende, plattenbauähnliche vierstöckige Wohnhäuser für die untere Mittelschicht, vermutlich noch aus Nassers Zeiten. Die Moschee hingegen ist außerordentlich gut gepflegt. Der Gebetsraum besitzt jedoch keinerlei Dekor, keine geometrischen Muster und auch keine arabische Kalligraphie wie in traditionellen Moscheen. Die Wände sind weiß – puristisch salafistisch. Das Mittagsgebet ist vor kurzem beendet worden. Einige Gläubige sitzen aber noch auf den dicken Teppichen. Sie lesen religiöse Texte, diskutieren oder entspannen sich einfach. Die

Frage, wo denn der Imam sei, löst großes Misstrauen aus. Man wisse nicht, wen genau ich meine. Die alte Furcht vor den Sicherheitsdiensten war auch vor dem Umsturz Mursis unter Islamisten fast allgegenwärtig. Erst die Erklärung, ich sei mit ihm verabredet und von Dr. Hatem empfohlen worden, beruhigt. Der Imam sei gleich wieder da.

Der knapp dreißigjährige Religionsgelehrte bittet mich und eine Handvoll der anwesenden Gläubigen in sein Besprechungszimmer. Ein schöner Raum mit geschnitzten Holzbänken und Sesseln mit Mosaikeinlegearbeiten. Ja, sich endlich am politischen Leben beteiligen zu können sei eine große Chance. Obwohl in den ersten Tagen der Massendemonstrationen gegen Mubarak einige der großen salafistischen Gelehrten vehement die Ansicht vertraten, man solle sich aus der Politik heraushalten, entschied sich doch eine Mehrheit der Salafisten für die Politik im neuen Ägypten. Dies sei auch gut so.

Der Imam betont, dass der Salafismus wirklich interessante Ansätze habe, um die ökonomischen Probleme auf islamische Weise zu lösen, etwa jene in der Tourismusindustrie. Er habe nichts gegen den Besuch der Sphinx oder anderer pharaonischer Monumente, sagt er. Dies ist bei Salafisten leider nicht selbstverständlich. Extremistische Scheichs haben bereits gefordert, die Pyramiden zu sprengen, da dies heidnische Monumente seien und der Tourismus dort folglich verbotene Götzenverehrung darstelle. Mein Gesprächspartner fährt fort und erklärt, dass er vor allem den Strandtourismus für nicht erfreulich halte, aber den könne man ja durch Kur- und Medizintourismus ersetzen. So wie der ehemalige Präsident

Husni Mubarak nach Deutschland zur Behandlung gefahren sei, sollten Ausländer sich in Ägypten behandeln lassen. Diese Argumentation kenne ich bereits. Trotzdem raufe ich mir in Gedanken die Haare. Ägyptens Bevölkerung leidet unter einer chronischen medizinischen Unterversorgung und einem desolaten Gesundheitswesen. Zahlreiche hochqualifizierte Ärzte wandern aus.

Einer der im Raum anwesenden Männer mischt sich ein. Er ist Türke, spricht aber hervorragend Arabisch. Auch er kam wohl zum »Sprachstudium« nach Ägypten. Seine vorgestanzte Tirade kenne ich nur zu gut – von den salafistischen Sympathisanten des Dschihadismus, der besagten Schnittmenge von Salafismus und Dschihadismus: Demokratie gebe es im Islam nicht, das sei ein Konzept der Ungläubigen. Staat und Religion, *Din wa Daula*, seien im Islam eins. Die Mitglieder der islamistischen Regierung in der Türkei seien keine wirklichen Muslime, Ägyptens Probleme vor allem von Staaten wie den USA und Israel geschaffen worden. Diese wollten nicht nur verhindern, dass Ägypten zu dem leuchtenden Beispiel für ein islamisches Kalifat werde, sondern das Land generell schwächen. Ein paar der anwesenden Ägypter stimmen zu. Ich gebe zu bedenken, dass es natürlich international geostrategische Interessen gibt, dass jedoch viele der Probleme des Landes hausgemacht sind. Nein, die meisten Anwesenden beharren auf der Theorie der großen Konspiration. Der türkische Gläubige möchte wissen, warum die Salafisten in Deutschland so unterdrückt werden. Ich antworte, die deutschen Sicherheitsorgane gingen nicht gegen friedliche Salafisten, sondern gegen die dschihadistische Bedrohung vor, um Terrorakte zu vermeiden. Mir wird entgegenhalten, dass dies nicht stimme, ich solle doch Pierre Vogel fragen, der sei gerade in einem anderen Stadtbezirk unterwegs. Der ehemalige Boxer Pierre Vogel ist eine der umstrittensten Gestalten der deutschen Salafistenszene und lebte zeitweilig in Kairo. Der junge Türke kommt in Fahrt. Deutsche Truppen würden in Afghanistan gegen Muslime kämpfen, der Dschihad gegen die Besetzer sei folglich eine Pflicht. Ich sage nichts. Der Mann beruhigt sich wieder, erklärt, er habe jetzt andere Verpflichtungen, verabschiedet sich mit *salam aleikum ya achi*, »Friede sei mit dir, mein Bruder«, und verlässt den Raum. Dem Imam der Moschee ist die Szene etwas peinlich, und er merkt sibyllinisch an: Ja, es gebe schon Spannungen und ein gewisses Risiko der Gewalt. Gerade deshalb müsse man die gemäßigten Kräfte innerhalb des Salafismus in die Politik einbeziehen.

Auf der Rückfahrt in das Zentrum Kairos komme ich an der tunesischen Botschaft auf der Nilinsel Zamalek vorbei. Hier demonstriert gerade ein kleiner Trupp Salafisten. Die Männer mit den langen Bärten und T-Shirts mit dem Siegel des Propheten, dem neuen Emblem des Salafismus, fordern die Freilassung in Tunesien inhaftierter gewalttätiger Dschihadisten. Die Männer halten mich für einen Ausländer und reagieren zunächst etwas aggressiv. Von mir auf Arabisch angesprochen, erklären sie: Ja, mein Bruder, wir führen eben einen internationalen Kampf.

Dr. Hatem hat sich im Juli 2013 aus der Politik und der *Al-Nour*-Partei zurückgezogen. Er möchte sich wieder auf das Unterrichten salafistischer Prinzipien konzentrieren. Er bedauert die Naivität und Unerfahrenheit seiner Partei. Sie habe sich beim Sturz der Muslimbrüder mit den Militärs eingelassen, ohne wirklich Zugeständnisse bekommen zu haben. Generell verurteilt er das Eingreifen der Militärs gegen den ersten gewählten Präsidenten. Ägypten sei jetzt ohne Gesetz und Ordnung. Bei unserem ersten Treffen vor dem Putsch hatte er bereits prophezeit: »Die Anhänger des alten Regimes werden irgendwann zurückschlagen.« Auch er wollte Mursis Sturz, aber nach Parlamentswahlen, durch ein Referendum oder einen Rücktritt – Hauptsache, legal und demokratisch. Hatem vertritt hiermit eine Position, die ihn mehr mit den weltlichen jungen Aktivisten verbindet als den Hardlinern seiner Bewegung, die ohnehin die Demokratie als Götzenanbetung betrachten. Der Salafismus ist schwer zu greifen – eine Hybris, die man jedoch besser verstehen muss.

Mythos und Misere

Die Fellachen

Auf dem Lehmboden liegt ein kleiner Teppich, auf dem ein runder, etwa zehn Zentimeter hoher Holztisch steht. Darauf wiederum befinden sich köstliche ägyptische Speisen: Salate aus klein gehackten Tomaten, Gurken, große Rucolablätter, eine Ente, Okra, ein beliebtes ägyptisches Gemüse, mit Tomaten gekocht, und Molokhia, eine Suppe aus Juteblättern und sehr viel Öl. Eine Spezialität mit einer etwas schleimigen Konsistenz, die im gesamten Nahen Osten und in Nordafrika verbreitet ist, aber von der die Ägypter behaupten, sie würden sie am besten zubereiten. Dazu werden Unmengen von Reis und frisch gebackenem Fladenbrot serviert. Ich bin bei dem Bauern Ahmed Mohamed Ibrahim und seiner Familie eingeladen. Das Wort »eingeladen« darf man nicht zu wörtlich nehmen – der Preis des Festmahls würde der Familie finanziell sehr wehtun. Ich werde diplomatisch ein kleines Geldgeschenk dalassen. Ahmed würde sich natürlich niemals beschweren, falls ich dies nicht täte – dies gebietet sein Stolz. Wir speisen mit seinen Söhnen Hamada, 29, und Walid,

28 Jahre alt, zwei Enkelkindern und einem Nachbarsjungen. Die Frauen des Hauses haben gekocht und servieren, essen jedoch später in der Küche. Während der gesamten Mahlzeit läuft der Fernseher.

Als Bilder eines Kornfeldes auftauchen, macht Ahmed den Ton lauter. Die Kamera fliegt über das goldfarbene Feld, die Halme bewegen sich unter einer leichten Brise. Dann fokussiert die Kamera auf einen Mann. Er steht hinter einem Rednerpult mit einem goldenen Logo in der Mitte – im Hintergrund das Kornfeld. Eine surreale Propaganda-Inszenierung. Gegenüber dem Redner sitzen Notabeln in bequemen Sesseln: Offiziere der Armee und der Polizei, hohe Beamte und Geschäftsleute, um sie herum stehen ein paar Dutzend Bauern in traditionellen *Dschallabijas*. Sie klatschen von Zeit zu Zeit, mehr aus Höflichkeit als aus Begeisterung, denn es spricht Ägyptens damaliger Präsident Mohammed Mursi. Es hätte jedoch auch irgendeiner seiner Vorgänger sein können – Nasser, Sadat oder Mubarak. Die Propaganda im ägyptischen Staatsfernsehen hat sich nicht sehr verändert – einzig die Qualität der Bilder wurde durch HD-Technik erheblich verbessert. Dafür war Mursi wesentlich weniger eloquent als seine Vorgänger. Er rühmt die Fellachen – alle Ägypter seien ursprünglich Fellachen –, die Militärs, die Ärzte, die Händler und auch die Arbeiter. Ziemlich zusammenhanglos erläutert er, die Arbeiter seien wichtig für die Bauern, da sie ja landwirtschaftliche Maschinen bauen, aber auch Maschinen zum Lernen. Was Mursi, Ingenieur mit Doktortitel aus den USA, mit »Maschinen zum Lernen« meint, ist uns nicht klar. Das Wort für Computer und das Wort Maschine haben im Ara-

Marjam, Bauersfrau aus dem Fayyum, in ihrer Küche

bischen nichts gemein. Nun gut, Mursis Versprecher, Patzer und Peinlichkeiten bei öffentlichen Auftritten sind ohnehin bekannt und ein gefundenes Fressen für ägyptische TV-Shows mit Millionenpublikum, wie etwa das legendäre politische Satireprogramm des Herzchirurgen Bassem Youssef. Sie schadeten dem Ansehen des Präsidenten selbst bei seinen Anhängern sehr. Auch der Fernsehauftritt, den wir verfolgen, ist ein absurdes Spektakel. Mursi rühmt die Bauern als Helden und spricht endlos von den stolzen Männern Ägyptens und der Revolution. Erst ganz am Ende seiner Rede fällt ihm ein, dass es in Ägypten nicht nur Männer, sondern auch Frauen gibt. Sie werden dann in einem Nebensatz flüchtig erwähnt.

Die Hauptinhalte seiner Ausführungen haben einen gewissen Unterhaltungswert, allerdings nur für Menschen mit einem Sinn für pechschwarzen Humor. Es geht um die Bauern und den Weizenanbau. In Ägypten sehr ernst zu nehmende Themen, die für die Zukunft des Landes entscheidend sind. Die ehemalige Kornkammer des Römischen Reichs ist heute der größte Weizenimporteur der Welt – ohne die jährlichen Importe von rund 10 Millionen Tonnen, das sind über die Hälfte des nationalen Verbrauchs, könnte Ägypten nicht einmal das für das Überleben der Massen notwendige subventionierte Brot herstellen. Doch laut dem sich vor dem Kornfeld ereifernden Mursi würde sich Ägypten dank der Arbeit der heroischen Fellachen in wenigen Jahren wieder komplett selbst versorgen und auf alle Importe verzichten können. Natürlich nur – wie sollte es bei der Rede eines Muslimbruders auch anders sein – »wenn die Dorfbewohner Gott treu sind und ihm vertrauen«, denn dann würde der Erhabene himmlischen und weltlichen Segen spenden.

Ziel der Regierung der Muslimbruderschaft war es, die Weizenproduktion zu steigern und Ägyptens schwindende Devisenreserven, die seit Januar 2011 von ca. 36 auf 14,5 Milliarden US-Dollar im Juni 2013 gesunken waren, zu stabilisieren. Eine Rechnung, die nicht aufging. Devisenbringende Exportprodukte wie Früchte und Gemüse, aber auch Baumwolle wurden aufgrund des verstärkten Weizenanbaus vernachlässigt. Doch statt der angekündigten Steigerung um 30 Prozent stieg die Weizenernte 2013 vermutlich lediglich um magere zwei Prozent. Ägypten musste somit in letzter Minute, zu vermutlich wesentlich höheren Preisen, von ausländischen Anbietern mehrere Millionen Tonnen Getreide kaufen – ein Schritt weiter ins wirtschaftliche Desaster. Den »heldenhaften« ägyptischen Fellachen, die bei Mursis Rede als Statisten dabei sein durften, schien dies nicht verborgen geblieben zu sein, vermutlich ein Grund, weshalb sie nur mäßig applaudierten. Mursi hatte natürlich, wie in Sachen Weizenernte, ebenso unrecht, als er Ägyptens Fellachen mystifizierte und gleichzeitig deren Probleme ausblendete. Zu viele Mitglieder der ägyptischen Elite teilen, genau wie die westlichen Reiseführer, das Bild von Bauern, deren Leben und Arbeitsmethoden sich seit pharaonischer Zeit kaum geändert haben – Frauen, die Tonkrüge auf dem Kopf tragen, und Männer, die mit der Sichel oder einem anderen antiquierten Instrument ihr Feld bestellen. Die wirklichen Probleme der Fellachen und somit Missstände, die ganz Ägypten seit Jahrzehnten schaden, werden ignoriert.

Der Fellache Ahmed empfindet nur Verachtung für Mursis Fernsehauftritt. »Die Politiker machen schon sehr lange nichts, und zwar gar nichts für uns Bauern – die haben ganz andere Interessen.« Wenn es überhaupt noch Fellachen im klassischen Sinne gibt, dann ist er einer von ihnen. Sein Vater war Bauer, genauso wie sein Großvater und alle anderen vor ihm auch. 60 Prozent der ägyptischen Bevölkerung leben auf dem Land. Aber wie viele allein vom Land, das sie bestellen, leben, weiß keiner so genau, selbst das ägyptische Amt für Statistik, die »Zentrale Agentur für öffentliche Mobilisierung und Statistik«, nicht. Was man jedoch weiß, ist, dass die Landwirtschaft noch 17 Prozent des Bruttosozialproduktes ausmacht.

Der Bauer und seine Familie leben in Asta, einem kleinen Dorf im Fayyum-Becken, einer großen Oase etwa anderthalb Autostunden von Kairo entfernt, die schon seit mehr als 5000 Jahren landwirtschaftlich genutzt wird. Im Gegensatz zu allen anderen Oasen wird das Fayyum-Becken nicht durch Quellwasser bewässert, sondern durch einen natürlichen Kanal, der Wasser aus dem Nil in eine geographische Senke führt und einen See bildet.

Ahmed zeigt uns »sein Land«, das leider nicht seines ist. Er pachtet zwei *Feddan* direkt an einem der zahlreichen Bewässerungskanäle – der Begriff *Feddan* entsprach ursprünglich der Fläche Feld, die mit einem Ochsen zu pflügen war, und ist bis heute die ägyptische Maßeinheit für Land, etwas weniger als ein halber Hektar. Die große Agrarreform von Gamal Abdel Nasser im Jahre 1952 ist an Ahmeds Familie vorbeigegangen. Damals wurden Millionen von *Feddan* der reichen Großgrundbesitzer an landlose Bauern verteilt. Zahlreiche Bauern gingen jedoch leer aus, oder das Land wurde inzwischen so oft weitervererbt, dass die fortschreitende Verkleinerung der Parzellen durch Vererbung nicht mehr zur Sicherung des Lebensunterhaltes reichte und manche Familienmitglieder sogar gar kein Land mehr erhielten. Ahmed und seine Frau Marjam – in Ägypten verrichten die Bäuerinnen üblicherweise ebenso viel Feldarbeit wie die Männer – bauen Mais, Weizen, Baumwolle und *Bersim*, den ägyptischen Klee, als Tierfutter an. In Ägypten gibt es keine Weiden, dafür ist das wenige fruchtbare Land zu kostbar. Außer Wasserbüffeln, die die Ufer der unzähligen Wasserkanäle abgrasen, und Schafen und Ziegen, die sich oftmals von den wenigen Gewächsen in den kargen Wüsten ernähren, die 96 Prozent des Landes ausmachen, werden die meisten Zuchttiere von angebautem Futter ernährt. In Ägypten leben 95 Prozent der Bevölkerung auf 5 Prozent der Fläche des Landes. Zu oft werden neue Siedlungen für die ständig wachsende Zahl der Einwohner auf fruchtbarem Agrarboden gebaut und nicht am Wüstenrand.

Die Weizenernte wurde gerade eingeholt. Auf einem Nachbarfeld dreschen ein Dutzend Fellachen Korn – mit der Hand. Ahmed ist über die Versprechen der Regierung wütend, die hätte nur gelogen. Die Bauern bekämen für ihren Weizen zwar etwas mehr Geld, aber dies würde nicht einmal die Inflation ausgleichen. Zudem seien die Preise für Kunstdünger so stark angestiegen, dass sich der Weizenanbau fast gar nicht mehr lohne. Ahmed zeigt uns sein Baumwollfeld. Die Pflanzen sind erst 20 bis 30 Zentimeter hoch und blühen noch nicht einmal. Ägyptische langfaserige, qualitativ sehr hochwertige Baumwolle wurde lange als das grüne Gold des Nils bezeichnet. Sie verhalf Ägyptens Großgrundbesitzern im 19. Jahrhundert zu gewaltigem Reichtum. Die Baumwolle wurde während der industriellen Revolution an englische Webereien geliefert und erzielte vor allem während des amerikanischen Bürgerkrieges horrende Preise, da der Anbau in den Südstaaten unterbrochen wurde. Ahmed wird durch die handgepflückte Baumwolle sicherlich nicht reich, aber jedes Einkommen hilft. Rings um die Baumwolle seines Feldes stehen kleine Okrapflanzen für den Eigenkonsum. Ein genauer Blick zwischen die Baumwollpflanzen, und eines der zahlreichen Umweltprobleme Ägyptens wird sichtbar: Überall schauen Reste der dünnen Plastiktüten, die es hier in jedem Laden gibt, aus der Erde. Sie werden vom Wind verweht, fallen in die Kanäle und vor allem auch in die Abwasserleitungen, sodass sich Bakterien, aber auch Mückenlarven in ihnen sammeln. In manchen Wüstengegenden türmen sich vom Wind aufgehäufte Berge dieses Leichtabfalls – nur eines von vielen ökologischen Problemen auf dem Land. Die meisten Dörfer besitzen keine Abwasserleitungen, geschweige denn Kläranlagen. Verunreinigtes Wasser gelangt in die Kanäle, aus denen immer noch zu viele Menschen ihr Trinkwasser schöpfen. Hinzu kommt, dass seit dem Bau des Assuan-Staudamms und somit dem Wegfall der Nilschwemme jahrzehntelang Kunstdünger eingesetzt wurde, durch den der Boden so extrem verarmt ist, dass noch mehr Chemie benutzt werden muss. Zudem wurden über Jahrzehnte hinweg in einem oftmals blinden Fortschrittsglauben und ohne Schutzmaßnahmen jeglicher Art hochgefährliche Pestizide massiv eingesetzt. Sie brachten den Bauern wenig Wohlstand, dafür aber Krebs und Erbschäden.

Ahmed führt uns an einer großen Pumpstation vorbei. »Die ist für die Reichen. Sie haben in der Wüste, die ein paar Kilometer entfernt beginnt, Hunderte von *Feddan* Land so gut wie kostenlos erhalten. Im Gegenzug sollen sie diese bewässern und dort anbauen.« Hinter einer Steinmauer mit gusseisernem Tor liegt im Schatten einiger weniger Dattelpalmen ein großes rechteckiges einstöckiges Gebäude aus Ziegeln mit einer überdachten Terrasse, die mit ihren Säulen dessen ganze Längsseite einnimmt. Das Haus stammt aus dem 19. Jahrhundert, daneben steht eine moderne kleine Villa. »Das ist der Diwan«, erklärt Ahmed und zeigt auf das alte Haus. Diwan, arabisch für *Hof*, bedeutet hier Versammlungsraum oder Salon. »Der Diwan gehörte dem Großvater meines Gutsbesitzers. Und da, in dem modernen Haus, wohnt mein aktueller Pachtherr – der ist aber meistens in Kairo und arbeitet dort als Manager eines Unternehmens.« Manchmal hat man das Gefühl, das Schicksal der Fellachen habe sich nach Hunderten von Jahren und trotz Landreform nicht geändert: Arme Kleinbauern, die für reiche Großgrundbesitzer arbeiten. Natürlich hat sich so einiges geändert. Doch bezüglich gewisser Themen dreht sich Ägypten im Kreis. Vor ungefähr 25 Jahren, Anfang der neunziger Jahre, stellte das damalige Regime Husni Mubaraks fest, dass die durch die Landreform entstandenen kleinen Höfe nicht nur unrentabel für die Bauern waren, sondern auch extrem unproduktiv, weil sie nicht maschinell betrieben wurden. Mubarak machte zahlreiche Enteignungen rückgängig, was oftmals zu bewaffneten Auseinandersetzungen zwischen den Kleinbauern und den Alteigentümern führte. Kleinbauern, die ihr Land behalten konnten, wurden von der Agrarpolitik, die mittlere und große Farmen förderte, links liegen gelassen. Die Kleinbetriebe sollten, wie Kritiker meinen, zur allmählichen Aufgabe gezwungen werden.

Wir kommen zu Ahmeds kleinem Haus zurück. Es steht in einer Siedlung mit drei oder vier gleichartigen Gebäuden. Sie sind einstöckig und aus Lehmziegeln und Steinen gebaut. Die Dächer bestehen aus Palmwedeln und Reisig, mit etwas Lehm vermischt. Ahmed und seine Nachbarn teilen sich einen Trinkwasserhahn zwischen den Häusern – und können sich damit glücklich schätzen. Denn dies ist im Fayyum-Becken nicht überall so, viele Bauern müssen von Händlern mehr oder minder gereinigtes Kanalwasser teuer erstehen, wenn sie nicht sofort erkranken wollen, weil sie direkt aus den Kanälen trinken. Zu Ahmeds Heim gelangen wir durch einen ummauerten Vorhof, übersät mit Tierfäkalien und Abfällen. Daran stört sich keiner, die Gesundheitserziehung hört anscheinend beim Trinkwasser auf. Bäume, die Schatten spenden könnten, stehen hier nicht. Ahmed behauptet, die würden hier nicht wachsen, dies liege am Boden und am Klima. Er lässt sich auch nicht vom Gegenteil überzeugen, dabei sind im Garten seines Gutsbesitzers Limetten- und Granatapfelbäume zu sehen. Ahmed ist bauernstur – nur eben auf ägyptisch. Sein ältester Sohn Hamada lebt mit seinen Kindern in einem kleinen einräumigen Bau neben dem Haupthaus im Hof. Das Heim des Vaters betritt man durch die Küche, sofern man diese als solche bezeichnen kann. Neben dem Gasherd schnattern etwa 30 Gänseküken hinter einer 20 Zentimeter hohen Ziegelumrandung – vielleicht lassen sie sich so schneller mit Essensresten füttern. In einer Ecke befindet sich ein

Verschlag mit Duschvorhang, dahinter die Latrine. Hier kann man sich aus Wasserkrügen waschen. Von der »Küche« gehen drei Räume ab: einer für die Enten, ein weiterer für die zwei Kühe sowie das Wohn- und Schlafzimmer, in dem wir gegessen haben und nun Tee trinken. Die Mahlzeit hat wirklich sehr gut geschmeckt, deshalb verzichte ich auf tiefere Überlegungen zu den hygienischen Bedingungen ihrer Zubereitung.

Wir trinken Tee, reden über das Leben und die Politik. Zu Beginn der Umbrüche in Ägypten habe die Bauernfamilie überhaupt nicht verstanden, was geschah. Man habe sich aber große Sorgen gemacht, dass Verbrecherbanden in die Dörfer einfallen und das Vieh stehlen. In Kairo sei es ja zu schlimmen Plünderungen gekommen. »Wir haben uns Flinten besorgt und das Haus nicht verlassen, aber es ist nichts passiert«, sagt Ahmeds Sohn Hamada. Hier kenne sich jeder und ein Dieb käme nicht einmal bis zum nächsten Dorf, bevor er gefasst und ordentlich verprügelt würde, sagt der Sohn. Die Waffen hätten sie jetzt wieder zurückgegeben – an wen, sagt er nicht. Er weiß, dass ich weiß, dass dies ohnehin nicht stimmt. Jeder ägyptische Bauer besitzt ein Gewehr, selbst die armen, für die Taubenjagd, aber auch als durchschlagendes Argument im Fall von Streitigkeiten mit Nachbarn oder lokalen Behörden über Land und Wasser.

Nach dem Sturz Mubaraks habe man wie fast alle die Muslimbruderschaft gewählt. Wie bei zahlreichen Ägyptern war die Familie der Meinung, dass die Brüder eine wahre Alternative darstellten, da sie »ja so lange verfolgt worden sind«. Außerdem hätten sie behauptet, sie seien gläubig, und gläubig bedeutete für die Bauern irrtümlicherweise ehrlich. Aber

Mursi habe wie alle anderen nur seinen Leuten geholfen, den Städtern, den Angestellten und Beamten die Gehälter und Renten erhöht. Die Bauern seien wie immer leer ausgegangen. Ahmed drückt zornig seine preiswerte ägyptische Zigarette der Marke *Cleopatra* auf dem Lehmboden neben dem Nylonteppich, auf dem wir sitzen, aus. »Dieser Mursi hat das Land zerstört.« Wen er denn wählen würde, falls es wieder Wahlen gebe? – »Niemanden«. Die weltlichen Eliten von Mubarak hätten es vorher auch nicht geschafft, das Los der armen Landbewohner zu verbessern. Heute würden sich die Liberalen und die Islamisten nur streiten, aber keine vernünftige Initiative für die Landbevölkerung ergreifen. Wir sitzen wieder in derselben Runde wie beim Mittagessen, nur ist diesmal die Frau des Hauses mit dabei. »Wir haben allen eine Chance gegeben. Wer soll denn noch kommen?«, fragt Ahmeds Frau Marjam zornig und betont, sie würde nie wieder wählen. Die Salafisten etwa seien noch schlimmer, sagt die Bäuerin. Zu Hause im Vollschleier herumsitzen, da würde sie wahnsinnig werden. Sie arbeite gerne auf ihren Feldern, und ohne ihre Arbeitskraft lasse sich ohnehin nichts bewerkstelligen. »Mubarak war letztendlich ein guter Präsident«, erklärt sie, lediglich durch seine korrupten Söhne und seine ehrgeizige Frau Suzanne sei er vom rechten Wege abgebracht worden. Als er gestürzt wurde, habe sie geweint. Jetzt wünscht sie sich, dass das Militär das Land fest in die Hand nimmt. »Ägypten braucht Stabilität und Ordnung.« Politisch engagiert ist in der Familie keiner – wie viele von Ägyptens Bauern sind sie eine zu oft schweigende und zu einfach zu beeinflussende Bevölkerungsgruppe.

Marjam kann, wie die meisten in ihrer Familie, weder lesen noch schreiben. »Ich habe mit 15 Jahren meinen Cousin Ahmed geheiratet, und damals ging ohnehin kein einziges Mädchen hier zur Schule.« Ahmed schafft es gerade, seinen Namen irgendwie unter Dokumente zu kritzeln, genau wie der älteste Sohn Hamada, und das, obwohl er vier Jahre lang zur Grundschule ging. Nur Walid, der Jüngere, kann ordentlich lesen und das Notwendigste schreiben. Das habe er aber nicht in der Schule gelernt, sondern durch einen Privatkurs von Lehrern aus Kairo, die hier Wohltätigkeitsarbeit zur Alphabetisierung angeboten haben. Eine löbliche Initiative, in Ägypten leider viel zu selten. Zumindest gehen hier alle Kinder zur Schule – der ebenfalls anwesende Sohn des Gutsbesitzers auf eine private. Der 14-Jährige mit glatt gekämmten Haaren in sauberen Jeans und T-Shirt sticht sofort als wesentlich wohlhabender aus der Gruppe heraus. Ahmed betont jedoch, dass hier alle eine große Familie seien und man fast täglich das Essen teile. Überhaupt herrsche unter den Bewohnern des Weilers eine gewisse Solidarität. Ein geistig behinderter Junge werde ganz selbstverständlich von allen ernährt, spielt mit den Kindern und hilft, soweit er kann, bei der Ernte. Alternativen für den Jungen gibt es ohnehin nicht.

Wie überlebt die Familie? Ahmed rechnet. Wenn er die Ausgaben für Saat und Düngemittel sowie die Pacht der zwei *Feddan* abzieht, bleiben 3000 bis 4000 ägyptische Pfund. Für den Verkauf der Hühner und Gänse erhält er ca. 2000 Pfund. Im Jahr verdient die Familie also 5000 bis 6000 Pfund – das sind weniger als 600 Euro, also 50 Euro pro Monat. Damit kann der Haushalt nicht über die Runden kommen. »Wir haben trotz aller Stromausfälle einen Kühlschrank, aber wir wissen nicht immer, wie wir ihn füllen sollen, jedenfalls nicht allein mit der Landarbeit«, sagt Marjam. Wie zumeist im Land am Nil muss die Familie durch andere Arbeiten Geld dazuverdienen. Ahmed, der heute 47 ist, aber mit seinem sonnengegerbten Gesicht eher wie 60 aussieht, hat als Jugendlicher auf dem Bau in Kairo gearbeitet. »Ich habe damals vielleicht 20 Pfund am Tag verdient, konnte mir davon aber Zigaretten, zu Mittag ein halbes Hühnchen und Baklava zum Nachtisch kaufen, und dann waren immer noch zwei Drittel des Geldes übrig«, berichtet er nostalgisch. Sein Sohn Hamada arbeitet heute hauptberuflich als *Bawab*, eine Mischung aus Wächter und Hausmeister in einem Gebäude der unteren Mittelschicht. Dafür bekommt er rund 80 Euro im Monat und ein Zimmer mit Bad, aber ohne Küche für sich, seine Frau und seine zwei Kinder. Sobald er frei hat, hilft er seinen Eltern auf dem kleinen Hof. Walid ist der Großverdiener in der Familie. Er arbeitet jedes Jahr mehrere Monate am Stück als Bauarbeiter im Nachbarland Libyen. Dort verdient er fast 600 Euro monatlich, wovon sich die Familie »Luxusgüter« wie Fernseher, Ventilator, Kühlschrank und sogar ein kleines Motorrad kaufen konnte. Ob er die Sicherheitslage in Libyen, wo quasi überall bewaffnete Milizen regieren, nicht für zu bedenklich hält? Nein, die Libyer würden sich zwar gegenseitig bekämpfen und ausrauben, aber für ein paar arme ägyptische Schlucker interessiere sich da keiner. Dazu sei das libysche Volk zu arrogant und zu reich. Ich frage, wie denn die Zukunft der Bauern aussehe. »Auswandern«, sagt er spontan und mit fester Überzeugung. Auf dem Land hier gebe es keine Perspektive. Mit dem Ertrag des Hofes könne man keine Familie ernähren, es gebe kein funktionierendes Schul- und Gesundheitssystem und vor allem auch keine soziale Absicherung. Sein Vater würde niemals irgendeine Form von Rente bekommen.

Walid möchte nicht in die überfüllten Vororte der Großstädte Ägyptens, deren Infrastruktur unter der Last jahrzehntelanger Landflucht zusammenbricht, und auch nicht an die Meeresküsten, wo viele Bauernkinder niedere Arbeiten in der Tourismusbranche verrichten. Nein, er möchte Ägypten verlassen, ins Ausland gehen, in andere arabische Länder oder nach Europa. Dies sei wirklich die einzige Möglichkeit. Doch auch Walid weiß, dass dies mehr ein Traum als eine tatsächliche Lösung für die Probleme der armen Bauern ist. Die Millionen von Ägyptern, die im arabischen Ausland arbeiten, dürfen sich dort nicht dauerhaft niederlassen. Nach Europa und Amerika gelangen auf legalem Weg jährlich nur einige tausend. Immer mehr versuchen auf gefährlichen Fahrten über das Mittelmeer nach Griechenland oder Italien zu gelangen. Viele lassen dabei ihr Leben. Gleichzeitig strömen pausenlos Nachkommen von Fellachen in die Armenviertel der Metropolen Kairo und Alexandria – ein Lumpenproletariat der Postmoderne.

Die Probleme der armen Bauern sind seit mehr als hundert Jahren einer der schlimmsten Flüche des Landes. Ahmed hat nur zwei Söhne, während die meisten Familien hier mindestens vier Kinder haben. Die Geburtenrate auf dem Land ist immer noch weit höher als in den Städten und einer der Hauptgründe für die Überbevölkerung Ägyptens und somit den chronischen Ressourcenmangel und die Unterentwicklung.

Bilder von hart schuftenden, oft unter unmenschlichen Bedingungen lebenden ägyptischen Bauernsöhnen in den arabischen Golfstaaten oder in Libyen sind im ägyptischen Fernsehen nie zu sehen, genauso wenig Reportagen über die Armut und die Misere auf dem Land, und das unabhängig vom jeweils regierenden Präsidenten. Die »heldenhaften, edlen und seit Jahrtausenden unverändert lebenden Fellachen« werden fast immer wie in Tourismusbroschüren vor Dattelhainen oder bei der Ernte gezeigt – oder vor goldenen Weizenfeldern.

Tödliche Spiele

Fußball als politisches Instrument

Der riesige deutsche Luxuskreuzer mit den Aufschriften »Genuss« und »Sonnenstrahlen« scheint sich mitten durch die Wüste zu schieben. Keinerlei Wasser ist zu sehen. Eine Art Fata Morgana, die jenen, die die Verfilmung von *Lawrence von Arabien* gesehen oder die parallel zum Suezkanal verlaufende Straße nach Port Said befahren haben, vermutlich bekannt ist. Das Schiff ist jedoch keine Halluzination, und es schwimmt auch nicht auf dem Wüstensand: Die Straße liegt etwas höher als der Kanal, sodass das Wasser nicht zu sehen ist und der Eindruck entsteht, der riesige Kreuzer treibe durch die Wüste. In Port Said wird das Schiff nicht anlegen. In der Hafenstadt am Mittelmeerzugang des Suezkanals legt im Moment gar kein Kreuzfahrtschiff mehr an.

Das im Jahre 1859 zu Beginn des Kanalbaus gegründete und ehemals von vielen Europäern bewohnte Port Said ist schon lange nicht mehr der Treffpunkt der Welt, die Stadt, in der man laut Aldous Huxley alle Sprachen der Welt sprach. Eine Stadt mit unzähligen Bars, Restaurants, Spielhöllen und Bordellen, in der laut Rudyard Kipling alles käuflich war. Seit der Flugverkehr die Passagierdampfer nach Afrika, Indien und den Fernen Osten verdrängt hat und Containerschiffe entweder einfach durchfahren oder in nur wenigen Stunden ausladen und Matrosen kaum noch Landgang haben, hat auch Port Said an Bedeutung verloren. Zudem wurde die Stadt innerhalb von weniger als 60 Jahren von drei Kriegen erschüttert und in Teilen zerstört: der Suezkrise im Jahre 1956, in der Ägypten nach der Nationalisierung des Kanals von Frankreich, England und Israel angegriffen wurde, dem Sechstagekrieg im Jahr 1967 sowie dem Jom-Kippur-Krieg im Jahr 1973, beide gegen Israel. Das prachtvolle weiße Gebäude der Suez Canal Authority, des Betreibers des Kanals, steht allerdings noch.

Der Wasserweg ist die drittwichtigste Einnahmequelle des Landes. Auch sonst hat Port Said einiges zu bieten, jedoch fehlen nun vor allem die Touristen der Kreuzfahrtschiffe, die ehemals die Stadt besuchten. Heute sind die Boutiquen, in denen Urlauber aus aller Welt nach Schnäppchen und Souvenirs jagten, verwaist. Die Sicherheitslage in Port Said gilt als zu prekär.

Schuld daran ist ein Fußballspiel am 1. Februar 2012, bei dem 74 Menschen starben und über 1000 verletzt wurden und das somit zu einer der größten Fußballkatastrophen der Geschichte wurde. Ein Spiel mit Folgen, die auch danach noch viele Menschen das Leben gekostet haben und vermutlich noch weitere kosten werden. Allein 40 Menschen starben bei Unruhen, nachdem 21 junge Fußballfans aufgrund ihrer Rolle bei der größten Tragödie des ägyptischen Fußballs Anfang 2013 zum Tode verurteilt worden waren. Wird das Urteil von

Deutsches Kreuzfahrtschiff im Suezkanal

höheren Gerichtsinstanzen bestätigt, ist mit weiteren Massendemonstrationen und mit noch mehr Gewalt zu rechnen.

Das Fußballspiel hat jedoch auch politische und gesellschaftliche Folgen, die weit über die hübsche Mittelmeerstadt hinausgehen. Bei dem besagten Match spielten in Port Said der Kairoer Verein al-Ahly und die Heimmannschaft al-Masry. Der Sportverein al-Ahly wurde bereits 1907 von nationalistisch gesinnten Studenten, die sich gegen die englische Kolonisierung mobilisierten, gegründet. Al-Ahly ist ein Mythos der Fußballgeschichte, nicht nur der ägyptischen. Im Jahr 2000 wurde er vom Afrikanischen Fußballverband zum Verein des Jahrhunderts gekürt. Dutzende von Malen hat al-Ahly die ägyptische Landes- und Pokalmeisterschaft errungen und allein sieben Mal die afrikanische Champions League gewonnen.

Al-Masry, auf Arabisch *der Ägyptische*, aus Port Said kann zwar nicht die Siegesbilanz des Konkurrenten aus Kairo aufweisen, brachte aber auch immerhin 22 unterschiedliche Titel heim und hat wie al-Ahly Tradition. Gegründet wurde der Verein 1920, damit Ägypter gegen die zahlreichen ausländischen Clubs des damals sehr internationalen Port Said spielen konnten.

Beide Vereine haben eine große Fangemeinde, die zum Teil aus sogenannten Ultras besteht: Fans, die ihre Clubs bedingungslos unterstützen und vermeintlich vor allem aus der ägyptischen Unterschicht kommen – aber dazu später mehr.

Warnzeichen, dass es bei dem Match im Februar 2012 zu gewalttätigen Konfrontationen kommen könnte, gab es mehrere. Bereits ein Jahr zuvor zerstörten die Fans aus Kairo den

Bahnhof der Gastgeber. Drei Tage vor dem Spiel schworen die Fans aus Port Said in einem YouTube-Video Rache. Eine Zeile des Liedes lautete: »Schreib deiner Mutter einen Abschiedsbrief, weil du bestimmt sterben wirst.« Das Spiel startete mit einer halben Stunde Verspätung, weil Fans der Heimmannschaft auf das Spielfeld gelangt waren. Man beschimpfte sich wüst, z. B. mit Ausrufen wie »Ihr seid keine Männer« – für die machistischen Ägypter eine schwere Beleidigung. Auf Flaggen drohten die Fans von Port Said ihren Gegnern erneut mit dem Tod und warfen Feuerwerkskörper auf die gegnerische Tribüne und das Spielfeld. In der Halbzeit schließlich stürmten die al-Ahly-Fans den Platz – ein Affront, den es für die Fans der Heimmannschaft zu rächen galt. In der zweiten Halbzeit schoss das eigentlich als schwächer geltende Team von Port Said drei Tore und gewann schließlich 3 : 1.

Kurz nach dem Abpfiff stürmten die Ultras der siegreichen Gastgeber aus Port Said das Spielfeld, stürzten sich auf die Spieler des gegnerischen Vereins aus Kairo, auf dessen portugiesischen Trainer und auf seine Fans. Die Polizei versuchte zwar mehr schlecht als recht, die Fußballer und den Trainer zu schützen, nicht aber die Fans aus Kairo. 74 Ultras sollen durch Messerstiche, Stürze von Tribünen und durch Ersticken in der Menge gestorben sein. So weit zur offiziellen oder besser offiziösen Version, die direkt nach dem Unglück und auch heute noch in ihren groben Zügen seitens der Behörden und einiger Medien verbreitet wird. Es existiert aber auch eine ganz andere Version.

In einem Café, das Gäste mit seinen geschnitzten Holzbänken und den Wasserpfeife rauchenden Männern an das Port

Said des 19. Jahrhundert erinnert – wären da nicht die ständig klingelnden Handys und der lärmende Plasmabildschirm –, treffe ich den Lehrer Adel Mohamed Shahad. Das Café liegt in einem Viertel der Innenstadt, in dem schon immer vorwiegend Ägypter lebten. Der Rest des Zentrums wurde bis zur Nationalisierung des Kanals und der daraus resultierenden Suezkrise vorwiegend von Europäern bewohnt. Adel hat, wie die meisten Menschen hier, eine ganz andere Version der dramatischen Ereignisse. Sein Sohn Mohamed wurde nach dem tödlichen Match verhaftet. Der 54 Jahre alte Grundschullehrer und Vater von vier Kindern, mit langem grauem Vollbart, erklärt seine Lesart: Port Said und seine Jugendlichen seien Bauernopfer auf dem politischen Schachbrett Ägyptens. Vor jedem bedeutenden Fußballspiel gebe es, ähnlich wie in Deutschland, ein Treffen aller in der Stadt für Sicherheit Verantwortlichen: des Polizeichefs, des Provinzgouverneurs und der Militärs. Da Ägypten zum Zeitpunkt des Spiels vom Obersten Militärrat regiert wurde, hatte der Militärgouverneur der Stadt einen besonders großen Einfluss. Dies ist von Bedeutung, da die Ultras des Kairoer Vereins al-Ahly nicht einfach irgendwelche Ultras sind. Sie waren bei den Straßenschlachten gegen die Polizei beim Sturz Mubaraks im Jahre 2011 entscheidend und federführend bei den Protesten gegen den danach herrschenden Obersten Militärrat sowie die allgemein unbeliebte Polizei; etwa bei Auseinandersetzungen auf der *Mohamed-Mahmoud-Straße* in Kairo, die zu dem für die Polizei zuständigen Innenministerium führt. Gemeinsam mit politischen Aktivisten kämpften Ultras mit Steinen und Molotowcocktails gegen Militär und Polizei und versuchten zum Innenministerium vorzudringen. Wenige Tage vor dem fatalen Spiel in Port Said hatten die Ultras aus Kairo die Zuschauer eines Matchs gegen den Erstligisten Al-Mokawloon Al-Arab, benannt nach einer der größten Baufirmen des Landes, angestiftet, »Nieder, nieder mit der Militärherrschaft!« zu skandieren. Die Begegnung wurde von 60 000 Besuchern im Stadion verfolgt und landesweit im Fernsehen übertragen. Sowohl den Militärs als auch der Polizei waren die Ultras aus der Hauptstadt folglich ein wirklicher Dorn im Auge. Bei der Sitzung zur Sicherung des fatalen Spiels in Port Said – dieser Ansicht ist man nicht nur in der Hafenstadt am Mittelmeer, sondern auch in Kairo – soll also beschlossen worden sein, den politisch so aktiven Fans einen ordentlichen Denkzettel zu verpassen – eine brutale Tracht Prügel durch die Anhänger von Port Said, aber auch durch angeheuerte Schläger. Dass diese Lektion so völlig außer Kontrolle geraten und es dabei so viele Opfer geben würde, damit hatte vermutlich weder Polizei noch Militär gerechnet.

Ein großer, dünner, modisch gekleideter Jugendlicher begrüßt Adel, den Lehrer, auf der Terrasse des Cafés. Pissou, so sein Spitzname, ist Mitglied der »Grünen Adler«, eines der drei Ultra-Zusammenschlüsse Port Saids. Er war bei dem tödlichsten Spiel der ägyptischen Fußballgeschichte dabei und erklärt, was für die Theorie des Denkzettels, der außer Kontrolle geraten ist, spricht. Keiner der Fans des Heimatvereins sei am Stadioneingang kontrolliert worden. Dort, wo normalerweise selbst der Inhalt von Plastikflaschen kontrolliert würde, hätte man nicht einmal eine Eintrittskarte vorzeigen müssen. Schläger seien somit unkontrolliert auf die Tribüne gelangt. Die Fans der Gegenmannschaft aus Kairo hingegen seien von der Polizei sehr genau überprüft worden. Pissou behauptet zudem, dass in Port Said zwei Autobusse gesehen worden seien, die weder Fans der Heimmannschaft noch von al-Ahly transportierten, sondern vermutlich die besagten gedungenen Schläger. Eine solche Praxis ist in Ägypten übrigens keine Seltenheit.

Der junge Fan möchte uns das nur zehn Minuten entfernte und unweit des Meeres gelegene Stadion zeigen, um zu verdeutlichen, warum es nach dem Spiel so viele Tote gab. Die in den fünfziger Jahren gebaute ovale Arena mit einer Kapazität von über 20 000 Plätzen war übrigens 2009 Austragungsort der U-20-Fußballweltmeisterschaft. Wie das Gebäude jemals das benötigte Sicherheitszertifikat erhalten konnte, ist nicht nur ein Rätsel, sondern schlechthin ein Skandal.

Pissou gibt zu, dass er und die anderen Fans aus Port Said nach dem 3:1-Sieg auf das Spielfeld gestürmt seien. Allerdings aus Freude – im Höchstfall hätte man den gegnerischen Fans, so wie bei den Ultras üblich, die T-Shirts vom Leib reißen und Vereinsflaggen als Trophäen entringen wollen. Doch da wären eben auch die Schläger von außerhalb gewesen, bewaffnet mit Schlagstöcken und womöglich auch Stichwaffen. Die Mehrheit der gegnerischen Fans sei auch nicht durch Schläge oder Messerstiche gestorben, sondern weil sie aus Angst von den Tribünen gesprungen und infolge der Panik, die in der Menge ausbrach, erdrückt worden oder erstickt seien. Fünf oder sechs Minuten nach Beginn der Unruhen wurde das Licht im gesamten Stadion ausgeschaltet, angeblich auf den Befehl eines Polizeioffiziers.

Pissou, ägyptischer Fußballfan und Rapper, mit einem Freund vor
seinem Haus in Port Said

Pissou zeigt uns die Stadiontüren. Der größte Eingang für die Fans der Gastmannschaft liegt an der Längsseite des ovalen Stadions. Er ist zugeschweißt – hier gab es für die in Panik geratenen Fans des Kairoer Vereins kein Entkommen. Die al-Ahly-Anhänger konnten die Arena lediglich durch zwei Pforten an der Breitseite des Ovals betreten und verlassen. Deren eiserne zweiflügelige Tore mit Gitterstäben erreicht man vom Inneren des Stadions über eine Treppe innerhalb eines etwa zehn Meter langen Tunnels. Nur fünf Meter gegenüber dem Ein- und Ausgang steht bereits das Gebäude eines Sport- und Jugendclubs. Dieses wurde hier vermutlich aus chronischem Platzmangel, der allgemein in ägyptischen Städten herrscht, einige Jahre nach dem Bau des Stadions errichtet. Das Gebäude ist somit indirekt einer der Hauptgründe für die zahlreichen Todesopfer der Katastrophe, denn damit der Stadioneingang an dieser Stelle überhaupt genutzt werden kann, öffnen sich dessen schwere Pforten nur nach innen. Zum Zeitpunkt des Unglücks waren diese zudem mit einem Kettenschloss versperrt und der Polizeioffizier mit dem einzigen Schlüssel verschwunden.

Flüchtende al-Ahly-Fans rannten in eine tödliche Falle. Sie pressten sich gegen die Gittertore, um dem Ersticken im Gang zu entkommen, und kletterten verzweifelt an den Stäben hoch, während immer mehr Menschen in den Tunnel drängten. Nachdem zahlreiche Menschen bereits erstickt und erdrückt worden waren, gab die Pforte nach, riss aus den Angeln und fiel nach außen. Weitere Fans wurden überrannt und zu Tode getrampelt. Der politisch motivierte Denkzettel mit einer richtigen Tracht Prügel für die bei Militär und Polizei so unbeliebten Ultras des legendären Vereins al-Ahly wurde zur nationalen Katastrophe.

Das zweite Kapitel des Dramas begann in den Folgewochen mit 73 Verhaftungen, in der Mehrzahl Fans von Port Said, und erreichte seinen Höhepunkt mit der Verkündung des Gerichtsurteils am 26. Januar 2013, fast genau ein Jahr nach der Fußballkatastrophe. 21 der Angeklagten wurden wegen Mord zum Tode verurteilt – nahezu allesamt Fans von Port Said. Darunter auch Mohamed, der Sohn des Lehrers. Polizei- und Sicherheitskräfte wurden hingegen zumeist freigesprochen oder erhielten im Höchstfall Gefängnisstrafen von 15 Jahren wegen Verletzung ihrer Dienstpflicht. Direkt nach dem Urteilsspruch kam es zu Demonstrationen in der Stadt am Suezkanal. Bei den schweren Zusammenstößen mit den Sicherheitskräften starben erneut mehr als 30 Menschen, darunter auch zwei Polizisten sowie zwei ehemalige Profifußballspieler der Mannschaft al-Masry. Die meisten Opfer forderten Proteste vor dem Gefängnis, hier wurden über 300 Menschen verletzt. Laut Adel, dem Vater des zum Tode verurteilten Ultras, hätten die Bürger Port Saids friedlich demonstriert. Doch erneut sollen sich kriminelle Banden und Schlägertrupps eingeschlichen haben, um Chaos zu stiften und um Verbrecher aus dem Gefängnis zu befreien. Die Polizei habe daraufhin wahllos in die Menge geschossen und nicht darauf geachtet, ob es sich um friedliche Demonstranten oder bewaffnete Kriminelle handelte. Die Unruhen konnten erst beendet werden, als sich die Polizisten gänzlich aus der Stadt zurückzogen und die als neutraler geltenden Militärs einmarschierten. Seitdem sind jedoch bei erneuten Demonstrationen mindestens 30 weitere

Menschen ums Leben gekommen. Nach Einschätzung meiner Gesprächspartner ist das Drama von Port Said bei weitem nicht beendet. Bleiben die Todesurteile tatsächlich in den Berufungs- und Revisionsverfahren bestehen und werden die Verurteilten hingerichtet, wird die ganze Stadt vermutlich erneut auf die Straße gehen. Halten die Urteile einer Revision jedoch nicht stand und es kommt zu Freisprüchen, werden in Kairo die Ultras von al-Ahly auf die Barrikaden gehen.

Für die Bevölkerung Port Saids sind die Todesurteile der Höhepunkt einer lang anhaltenden Diskriminierung und eines Komplottes gegen ihre Stadt. Sie sehen sich als Bauernopfer in einem Land, in dem überall Konflikte schwelen. Vor allem dem damals regierenden Regime der Muslimbrüder, aber auch den so mächtigen Militärs sei es wichtig gewesen, ein weiteres Großfeuer in der Hauptstadt Kairo durch gewaltsame Demonstration der al-Ahly-Ultras von vornherein zu vermeiden. Die Diskriminierung von Port Said hätte bereits unter dem Mubarakregime begonnen und sei seither ununterbrochen fortgesetzt worden. Ägyptens ehemaliger Präsident Husni Mubarak ließ seit seinem Amtsantritt im Jahre 1981 über 18 Jahre verstreichen, bis er Port Said zum ersten Mal besuchte. Bei dieser Visite im Jahr 1999 näherte sich ein Händler mit einem schwer erkennbaren Gegenstand in der Hand dem Konvoi des Präsidenten und wurde prompt von einem seiner Leibwächter erschossen. In der offiziell verbreiteten Darstellung handelte es sich um einen Attentatsversuch. In Port Said hingegen vertritt man eine ganz andere Meinung: Der Händler wollte dem Präsidenten lediglich eine Petition, wie schon ein anderer Bürger Jahrzehnte zuvor an den damaligen Präsidenten Gamal Abdel Nasser, überreichen, wurde jedoch von einem nervösen Bodyguard erschossen. Als in ganz Ägypten Zweifel an dem vermeintlichen Mordversuch aufkamen, reagierten Mubarak und sein Klan extrem verärgert. »Port Said wurde vom Rest Ägyptens abgeschnitten, die Begünstigungen unserer Freihandelszone abgeschafft«, erklärt Adel. Dabei hätte die Stadt zum »Dubai am Mittelmeer« werden können, einem reichen Handels- und Bankenzentrum. Die strategische Lage und der hohe Bildungsstand, dem nach Kairo zweithöchsten Ägyptens, seien einmalig. »Jetzt werden wir erneut vom Rest Ägyptens isoliert, weil uns die Schuld an einer Katastrophe gegeben wird, die vor allem politische Ursachen hat.« Die Jugendlichen Port Saids würden zum Sündenbock Ägyptens gemacht. In den Medien und vor allem von offizieller Seite werden die Ultras häufig als randalierende Analphabeten und Kleinkriminelle aus der Unterschicht dargestellt. Dies hat Gründe, denn durch eine bewusste Diffamation lässt sich vom politischen Charakter der Unruhen und von den Todesurteilen ablenken.

Der Vater des zum Tode verurteilten Mohamed kann die Tränen kaum zurückhalten. Er habe ein hervorragendes, freundschaftliches Verhältnis zu seinem Sohn, der gerade ein Studium zum Handelskaufmann absolviere. Er sei ein ganz normaler Junge wie die meisten anderen Ultras auch. Selbst deren Gefängniswärter hätten dies inzwischen eingesehen. Nachdem sie die Jugendlichen zunächst als Schwerverbrecher betrachtet und geschlagen hätten, würden sie diese jetzt sehr freundlich behandeln.

Pissou, der Ultra der »Grünen Adler« von Port Said, steht

kurz vor dem Abitur und will dann bei der Armee eine technische Ausbildung beginnen. Laut ihm hätten die Ultras von Port Said alle ein überdurchschnittlich hohes Bildungsniveau, unter ihnen zahlreiche junge Anwälte und Ärzte. Sie seien alles andere als die Asozialen, als die sie dargestellt würden. Er führt mich durch die kleinen Straßen unweit unseres Treffpunkts, des Cafés, und bleibt vor einem wohl Ende des 19. Jahrhunderts gebauten Haus im osmanischen Stil stehen. »Ich wohne hier im obersten Stock, da haben wir zwei Wohnungen verbunden.« Das Treppenhaus ist eng, aber sehr sauber, die Wohnung ebenfalls. Wir setzen uns ins Wohnzimmer, dekoriert mit Stickdecken auf dem flachen Tisch und plüschiger Sofagarnitur mit Polstersesseln. Die Familie ist nicht reich, der Vater ist Elektriker, aber zum Leben reicht es. Ich sitze Menschen der ägyptischen Mittelschicht gegenüber, die relativ glücklich zu sein scheinen.

Pissou erklärt, wie er zu seinem Spitznamen kam. »Eigentlich heiße ich mit vollem Künstlernamen *MC Pissou*. Ich bin Rapper.« Tatsächlich hat der junge Fußballfan ein stimmliches Talent und tritt nicht ohne Grund bei Festen auf. Die Texte im ägyptischen Dialekt reimen sich gut, sind jedoch eher einfach gestrickt. »Das Wort sitzt seit langem in meinem Herzen. Jetzt fühle ich zum ersten Mal Liebe, und dieses Wort muss jetzt heraus.« Abgesehen von diesen wohl universellen Gefühlen Jugendlicher, schreibt MC Pissou nach der Stadionkatastrophe vermehrt politische Texte, auch für Musikvideos, in denen etwa Mohammed Mursi als Spiegelbild Husni Mubaraks zu sehen ist. »Das Regime ist gescheitert, genau wie das alte System, die Revolution geht weiter, überall in der Nation.«

Wie Tausende junger Ägypter sieht er sich als kreativer Aktivist. Kaum etwas unterscheidet ihn und seine Freunde in Port Said von den Kairoer Ultras. Es ist vor allem der gegenseitige Hass, der die beiden Fangemeinden trennt.

Hischam und Mansour sitzen in einem Café in Kairos Innenstadt. Sie schauen sich das Champions-League-Spiel zwischen FC Bayern München und FC Barcelona an. Beide sind, wie viele Ultras aus Port Said, Gymnasiasten und kommen aus der Kairoer Mittelschicht. Hischam will Jura studieren und sein Freund Mansour Betriebswirtschaft. Sie widersprechen der Version, nach der die Ultras von Port Said keine Schuld an der Katastrophe tragen. »Die haben schon von Anfang an mit Flaschen geworfen, Feuerwerkskörper auf uns geschossen und sind dann am Spielende mit allem auf uns losgegangen, was ihnen in die Finger kam: Knüppel, Messer, herausgerissene Metallsitze.« Hischam ist überzeugt, er sei nur knapp mit dem Leben davongekommen. Sein Hemd wurde ihm heruntergerissen, seine Schuhe gestohlen, er hatte unzählige Prellungen am ganzen Körper. Zum Glück konnte er sich in eine Polizeiwache retten. Außer Schutz wurde ihm dort jedoch keinerlei Hilfe angeboten, noch nicht einmal ein Schluck Wasser. Während der Ausschreitungen im Stadion seien die Sicherheitskräfte ganz offen feindlich gewesen. »Lass dich verprügeln, du Straßenköter«, habe ein Polizeioffizier geschrien. Genau wie die Ultras aus Port Said sind auch Hischam und Mansour der Ansicht, dass der Grund für die Stadionkatastrophe ein abgekartetes politisches Spiel war: »Wir haben an der Front bei den Straßenschlachten gegen das Mubarakregime und dann gegen die Polizeigewalt und den Militärrat gekämpft.«

Dass so viele Port-Said-Fans zum Tode verurteilt wurden, findet Hischam, der junge Mann, der selbst einmal Anwalt werden will, dennoch richtig. »Blut für Blut«, sagt er. Sollten die Port-Said-Ultras in der Berufungsverhandlung freigesprochen werden, dann würden die Kairoer Fans das Land »abfackeln«. Ihre Gruppierung sei hochorganisiert und ein paar tausend disziplinierte Fans stärker als Hunderttausende, die keine Erfahrung mit Protesten und Straßenschlachten haben. Eine Mitschuld an der Spirale der Gewalt wollen die Kairoer Ultras, genau wie die Fans von Port Said, nicht eingestehen. Dass sie den Bahnhof von Port Said ein Jahr vor dem tödlichen Spiel verwüstet haben, bestreiten die jungen Männer aus Kairo nicht. Jedoch trügen daran ebenfalls die Ultras aus Port Said durch ihre Provokationen Schuld.

Adel, dem Vater des zum Tode verurteilten Ultras, ist klar, dass weder die Fußballfanatiker aus Kairo noch die der Hafenstadt Port Said Unschuldslämmer sind. »Natürlich ist die Gewaltbereitschaft gestiegen, die jungen Fans wurden jahrelang von der Polizei misshandelt und haben wirklich düstere Zukunftsaussichten.« Sechzig Prozent der Gesamtbevölkerung des Landes am Nil, über fünfzig Millionen Menschen, sind unter dreißig. Sie werden in Ägypten zumeist als Jugend bezeichnet. neunzig Prozent der Arbeitslosen Ägyptens gehören dieser Gruppe der unter 30-Jährigen an. Adel betont, dass zudem in den turbulenten Zeiten traditionelle Formen von Respekt verschwunden seien. Vor zwanzig Jahren hätte es gereicht, wenn ein älterer Ägypter gesagt hätte: »Jungs, jetzt reicht's.« Dies sei heute nicht mehr so, das Wertesystem durch den rapiden gesellschaftlichen Wandel zusammengebrochen. Aber der wirkliche Grund der Gewalt sei eben die politische Instrumentalisierung von Fußball – »ein tödliches Spiel«.

Fußball für politische Zwecke zu nutzen hat in Ägypten Tradition. Nicht umsonst hält sich die Ansicht, Husni Mubaraks Sohn und Wunschnachfolger Gamal Mubarak hätte das Entstehen der verschiedenen Ultra-Clubs im ganzen Land gefördert oder zumindest begrüßt. Er hätte den hochorganisierten Jugendverbänden der Muslimbrüder eher weltliche, manipulierbare und teils gewaltbereite Jugendorganisationen entgegensetzen wollen. Ausschreitungen bei Länderspielen der ägyptischen Nationalmannschaft wurden vom Mubarakregime geschickt genutzt, um ein wenig an Popularität zu gewinnen: So zog Ägypten 2009 seinen Botschafter aus Algerien ab, als es zu Gewalt zwischen Fans beider Länder kam.

Vermutlich wird es noch Jahre dauern, bis Klarheit darüber herrscht, was bei dem tödlichen Spiel in Port Said tatsächlich geschah und welche Rolle politische Interessen dabei spielten. Adel fürchtet, dass die ganze Wahrheit nie ans Licht kommen und seine stolze und ehemals so bedeutende Heimatstadt weiterhin diskriminiert und vernachlässigt werden wird. Nur deshalb, weil alle Regierungen Ägyptens Kairo als das Zentrum ihrer Welt sehen und von dort die Fäden des ganzen Landes in der Hand halten, sich weigern, lokale Demokratie zu fördern, um ganze Städte zu ihren politischen Spielbällen zu machen. Nicht grundlos forderten einige Bürger Port Saids bei den Demonstrationen im Januar und Februar 2013 provokativ die Unabhängigkeit ihrer Stadt.

Trotz der politischen Dimension klammert sich Adel an die Hoffnung eines Freispruchs für seinen zum Tode verurteilten

Sohn. Beweise für seine Schuld seien nicht vorhanden, das ganze Verfahren voller juristischer Fehler und auch in Ägypten müsse es doch auch einmal Gerechtigkeit geben.

»Hier demonstrieren wir mit der Panzerfaust«

Die Beduinen im Nord-Sinai

Nur wenige Kilometer entfernt von Port Said, auf der anderen Seite des Suezkanals, beginnt ein anderes Ägypten. Ein Ägypten mit sehr speziellen Problemen und Bewohnern, die zum Teil in Frage stellen, dass sie überhaupt Ägypter sind – der Sinai.

Wir fahren über die einzige Brücke, die Afrika und Asien verbindet: Die *Brücke der Märtyrer des 25. Januar* – benannt nach all jenen, die im Namen der »Revolution«, die am 25. Januar 2011 mit Massendemonstrationen begann, starben – ist eine Anfang des Jahrtausends eröffnete, fast vier Kilometer lange Hängebrücke, 70 Meter über dem Kanal. Das eindrucksvolle Bauwerk wurde nicht für die Touristen auf dem Weg zum Roten Meer in die Taucher- und Badeparadiese des Süd-Sinai errichtet. Denn die Urlauber reisen zumeist direkt mit Charterflügen nach Sharm el-Scheikh oder mit Bussen aus Kairo über den weiter südlich gebauten Ahmed-Hamdi-Tunnel, benannt nach einem ägyptischen Ingenieur und Helden im Jom-Kippur-Krieg 1973 gegen Israel. Nein, die Brücke soll helfen, den so lange vernachlässigten Norden der Sinai-Halbinsel besser zu erschließen.

Wir fahren entlang der Küstenstraße nach al-Arish. Bis 1948 verband eine Eisenbahnlinie hier einmal Ägypten mit dem palästinensischen Jaffa, heute ein Teil Tel Avivs, und von dort mit dem Rest der Welt. Kilometerlange Strände, Felsen und Sanddünen säumen die Straße. Der Nord-Sinai besitzt einige der wenigen Mittelmeerküsten, die noch nicht völlig bebaut sind. Dies soll sich ändern; der Norden der Halbinsel soll zu einem neuen Touristenmagneten, aber vor allem auch zu einer dynamischen Industrie- und Handelszone werden – große Pläne für eine sich vermutlich immer weiter entfernende Zukunft.

Ankunft in der Provinzhauptstadt al-Arish – Ende Mai 2013. Ein Armeekonvoi mit mehreren Dutzend Soldaten mit schweren Maschinengewehren in zwei sandfarbenen gepanzerten Mannschaftswagen eskortiert einen Geldtransporter. Das Bargeld für die Gehälter von Regierungsbeamten wird zur Bank gebracht. Der Konvoi gibt lediglich einen Vorgeschmack auf die Sicherheitslage in al-Arish im Norden des Sinai. In den siebziger und achtziger Jahren wurden erste Versuche unternommen, den historischen Ort, dessen geschichtliche Bedeutung kaum noch sichtbar ist, touristisch zu erschließen. Al-Arish war für Händler aus der Levante die Pforte nach Ägypten, aber auch für diverse Armeen von den Sumerern, Römern, Kreuzfahrern bis zu den Ottomanen, Napoleon, den Briten und den Israelis, welche den Ort über Jahrtausende immer wieder mehr oder weniger stark verwüsteten. In den siebziger und achtziger Jahren wurden erste Versuche unternommen, den historischen Ort, dessen geschichtliche Bedeutung kaum noch sichtbar ist, touristisch zu erschließen. Die schönen Sandstrände mit ihren Dattelpalmenhainen und einem berühmten Beduinenwochenmarkt besitzen einen gewissen Charme. Doch zurzeit sind in den Bungalows des allmählich heruntergewirtschafteten Luxushotels am Strand vor allem Geschäftsreisende und das Personal der Fluggesellschaften, die für Offshore-Erdgas- und Erdölplattformen arbeiten, untergebracht. Im Hochsommer kommen höchstens Familien des ägyptischen Mittelstandes nach al-Arish und bewohnen die Herbergen und Ferienwohnungen am Meer.

In Rafah, 50 Kilometer weiter östlich auf der Küstenstraße, dem Grenzort zum Gazastreifen, sieht die Realität des Nord-Sinai noch einmal ganz anders aus. Was man hier sieht, erinnert an *Star Wars* und *Mad Max* oder an den Irak nach dem Einmarsch der Amerikaner im Jahre 2003. Auf der Straße am Ortseingang stehen gepanzerte Fahrzeuge der ägyptischen Armee, aber auch schweres Gerät. Erstaunlich gut gelaunte Soldaten winken uns durch den Checkpoint. Die sich auf derselben Straßenseite aneinanderreihenden Gebäude der Polizei, des Geheimdienstes und des Einwohnermeldeamtes wurden geplündert und sehen vollkommen entkernt aus – so auch das Kulturzentrum, auf Ägyptisch »der Kulturpalast«. Auf der gegenüberliegenden Straßenseite weiden rund hundert Ziegen auf einem Fußballfeld. Das Zentrum der Kleinstadt Rafah ist belebt, sofern man unter belebt versteht, dass hier ein unablässiges Kommen und Gehen von schweren Lastern herrscht. Die Fahrer bieten ihr gesamtes Navigationsgeschick auf, um mehr schlecht als recht die tiefen Schlaglöcher in der zur Piste gewordenen Hauptstraße zu umfahren. Beladen sind die Lkws mit Sand, Betonsäcken und anderen Baumaterialien. Andere Lastwagen hüten mit gut verschnürten Planen – in Ägypten äußert unüblich – das Geheimnis ihrer Ladung. Die sonst in einer Kleinstadt üblichen Krämer, Obstläden und Straßencafés fehlen in Rafah oder sind geschlossen. Erstaunlich hoch ist dafür der Anteil an Werkstätten, in denen Stahl und Holz bearbeitet werden, zumeist Bauholz. Ebenfalls bemerkenswert ist der Anteil geschäftiger Männer, die Autos beladen oder vor einer Moschee diskutieren und lange Bärte sowie einen schwarzen Turban tragen. Einen Turban, bei dem das Ende der Stoffbahn etwa dreißig Zentimeter über die Schulter baumelt. Diese Kopfbedeckung signalisiert Sympathien für den Dschihadismus. Extrem niedrig hingegen ist, selbst für den Rest Ägyptens, in dem sich die Sicherheitskräfte im Allgemeinen sehr rar gemacht haben, die Anzahl von Polizisten – dabei ist »extrem niedrig« eine Untertreibung. Die Polizeikräfte und vor allem die Mitglieder der Staatssicherheit haben hier aus Verachtung für die Beduinen noch schlimmer gewütet als im Rest Ägyptens und sich nach dem Sturz Mubaraks aus Angst vor Racheaktionen zurückgezogen. Einige wenige arbeiten noch an dem fünf Kilometer entfernten, häufig geschlossenen Grenzübergang zum Gazastreifen.

Vom Zentrum Rafahs ist es nach Gaza nicht weit – einige hundert Meter durch staubige Gassen, und man ist an der durch die ägyptische Armee und mit sehr viel Stacheldraht gesicherten Grenzmauer angelangt. Dahinter, zum Greifen nah, die wesentlich moderneren und wohlhabend scheinenden mehrstöckigen Wohnhäuser des Gazastreifens. Über den Häusern »schweben« die Augen der israelischen Armee – mit Kameras ausgestattete unbemannte Heißluftballons. Auf der ägyptischen Seite der Grenze mit eher bescheidenen Behausungen scheint hingegen kaum jemand mehr zu wohnen. Die Fensterläden sind geschlossen, die Gassen menschenleer. Einige Häuser sind wohl erst vor nicht allzu langer Zeit eingestürzt.

»Was ist denn hier eigentlich los, bei euch in Rafah?«, frage ich angesichts der augenscheinlichen Trostlosigkeit leicht ironisch meinen mittlerweile guten Bekannten Ahmed Abou Draa. Abou Draa – das ist sein Alias. Denn der schmächtige 37-Jährige ist einer der ersten beduinischen Lokaljournalisten im Sinai und, wie so oft im neuen Ägypten, gleichzeitig Aktivist – ein heikle Aufgabe. »Du weißt schon, worum es geht«, lacht er. »Es geht darum.« Er zeigt auf eine Mulde unweit des Grenzzaunes, in die ein Laster gerade Sand ablädt und in der drei Männer mit Walkie-Talkies geschäftig herumeilen. Freundlich sind sie, aber auch sehr bestimmt. Nein, wir dürften nicht weiter und auch nicht in den Tunnel. Heute sei kein guter Tag. »Ihr habt das ohnehin schon einmal gesehen«, fügt einer der Männer hinzu. Das stimmt, die Tunnel sehen aus wie Bergwerksschächte, ein oder zwei Meter breit und hoch, je nach Modell mit Schienen, um die Waren auf kleinen Wagen schneller zu transportierten. Rafah ist wie ein Schweizer Käse. Fast alles dreht sich in dem geostrategisch so wichtigen Ort an der Grenze zum Gazastrefen um Löcher, um Dutzende, wenn nicht Hunderte von Tunneln, durch die vor allem Baumaterialien, aber auch alle erdenklichen Güter und Menschen, von Waffen bis zu Prostituierten, in das palästinensische Gebiet geschmuggelt werden. Anfang 2013 erschien in der *New York Times* ein Artikel über einen jungen Palästinenser, der Chicken Nuggets aus al-Arish durch den Tunnel zu sich nach Hause orderte. Die Begründung: Die gleiche Fast-Food-Kette gebe es im Palästinensergebiet leider nicht.

Ahmed und ich rätseln darüber, wie die Begründung des »Sicherheitsdienstes« für die Ablehnung der Tunnelbesichtigung, »das ist heute kein guter Tag«, wohl gemeint ist. Hierfür gibt es unserer Ansicht nach vier Möglichkeiten. Erstens: Eine israelische Bombardierung der Tunnel auf der Gaza-Seite steht bevor. Das ist wenig wahrscheinlich, denn dann gibt es zumeist eine Vorwarnung durch die israelische Armee. Außerdem werden die Tunnel höchst selten bombardiert. Zweitens: Die ägyptische Armee sprengt Tunneleingänge auf ägyptischer Seite, um vorzugeben, sie würde wirklich etwas gegen die Gesetzesverstöße unternehmen und internationale Vereinbarungen einhalten. Das ist aber auch nicht sehr wahrscheinlich, da die Armee das Gelände dann bereits abgeschirmt hätte, und vor allem, weil sie trotz der prekären Sicherheitslage zähneknirschend den Anweisungen der Regierung der Muslimbrüder folgte. Präsident Mursi hatte kein großes Interesse daran, den Zorn der Bewohner von Rafah und der umliegenden Dörfern auf sich zu ziehen. Die Bevölkerung hier, bestehend aus Ägyptern des Nils, Palästinensern und aus Beduinen, die bereits 1948 in den Sinai gekommen sind, lebt vom Schmuggel. Vor allem wollen die Muslimbrüder die mit ihnen teilweise verbündeten, im Nord-Sinai so starken salafistischen und dschihadistischen Gruppen und die im Gazastrei-

Einflussreicher Beduinenscheich Ibrahim al Menei in seiner Empfangs-
halle im Nord-Sinai

fen regierende Hamas nicht verärgern. Drittens: Die Armee hat darum gebeten, den Tunnelbetrieb diskret zu unterhalten, damit sie nicht unter amerikanischen und israelischen Druck gerät. Dies scheint relativ denkbar. Viertens: Heute werden sensible Güter wie Waffen oder Menschen durch den Tunnel gelangen. Das scheint uns am wahrscheinlichsten zu sein. Wenn das israelische oder das ägyptische Militär Tunnel zerstörte, war dies bisher zumeist ein symbolischer Akt. Eingestürzte Schächte wurden schnell wieder ausgegraben oder neue gebaut. Die Tunnelwirtschaft von Rafah wird professionell gemanagt und folgt einem erprobten Geschäftsmodell. Ein palästinensischer Investor finanziert den Tunnelbau, der Landeigentümer oder Co-Betreiber auf der ägyptischen Seite hilft, sie zu betreiben, und bekommt für die geschmuggelten Güter eine Gebühr, eine Art Wegzoll. Ägyptische und palästinensische Ingenieure bauen und warten die Anlagen. Und wenn bei den Grabungen mal ein zumeist ohnehin nicht bewohntes Haus einstürzt, ist das halb so schlimm, denn der Tunnelverkehr ist äußerst lukrativ.

In Rafah, wie allgemein im Norden des Sinai, geht es jedoch um sehr viel mehr als um die Untergrundwirtschaft: Es geht um mehrere gleichzeitig schwelende gewaltsame und äußerst gefährliche Konflikte. Die ganze Gegend ist ein Pulverfass. Dabei spielt ihre wichtige geographische Lage eine große Rolle. Die Ägypter und vor allem das ägyptische Militär haben sich international dazu verpflichtet, die Grenze zum Gazastreifen und zu Israel zu sichern. Sie müssen unterbinden, dass von Ägypten in den von der Hamas kontrollierten Gazastreifen Waffen gelangen, und vor allem, dass vom Sinai aus Angriffe etwa durch Dschihadisten, wie im Jahre 2011, auf Israel erfolgen. Ansonsten könnte Israel Militäroperationen auf ägyptischem Territorium starten. Ein neuer Nahostkrieg stünde dann womöglich bevor. Gleichzeitig dürfen die ägyptischen Streitkräfte auch die Palästinenser im Gazastreifen nicht zu sehr verärgern, denn jenen gilt die Sympathie des ägyptischen Volkes. Auch aus diesem Grunde wurde eine gewisse Anzahl der für Gaza so wichtigen Tunnel toleriert. Die Situation im Nord-Sinai war für die Armee schon immer ein schwieriger Spagat. Dies umso mehr, als die Konflikte eine extrem bedrohliche und komplexe innenpolitische Dimension besitzen. Probleme, die die Armee fast alleine lösen muss. Seit den Unruhen, die zum Sturz des Mubarakregimes führten, hatten sich die Zentralregierung und die verhassten Sicherheitsorgane aus dem Norden der Halbinsel weitgehend zurückgezogen. Die Regierung der Muslimbrüder schickte gelegentlich Verhandlungsdelegationen. Die Beduinen, die im Sinai nach wie vor die Bevölkerungsmehrheit stellen, stehen seit Jahren kurz vor einer offenen Revolte. Vor allem die über Jahre gewachsenen dschihadistischen Gruppierungen, die hauptsächlich aus Beduinen, aber auch aus Ägyptern vom Nil und arabischen Ausländern bestehen, wurden immer bedrohlicher – eine Minderheit, aber zu allem bereit.

Die Rückfahrt nach al-Arish dauert Stunden. Lastwagenfahrer haben wegen der hohen Treibstoffpreise und vor allem wegen des Mangels an Diesel mittels einer Protestaktion mit ihren Lkws die Hauptstraße der Stadt versperrt. Der Beduinenjournalist Ahmed Abou Draa will mich zum Abschluss des Tages ausführen. Wir besuchen das orientalische Café des einzigen Luxushotels von al-Arish. Dazu hat Ahmed sich einen westlichen Anzug mit Krawatte angezogen. Wasserpfeife rauchend erklärt er: »Wir Araber« – die Beduinen bezeichnen sich selbst meist nicht als Beduinen, sondern als Araber, da sie aus deren Ursprungsland, der arabischen Halbinsel, stammen – »wurden jahrzehntelang diskriminiert. Seit der Sinai nach dem Friedensabkommen von Camp David im Jahre 1982 an Ägypten zurückgegeben wurde, werden wir als Staatsbürger zweiter Klasse oder sogar als Ausländer behandelt.« Den Stämmen der Halbinsel wurde ihr Land genommen. Entschädigungen gab es keine, und auch von den riesigen Hotelprojekten, die im Süden des Sinai realisiert wurden, hätten sie nicht profitiert. Selbst von den Jobs im dortigen Tourismusbereich wären sie ausgeschlossen, dürften höchstens als Küchenhilfen arbeiten, was ihren Stolz und ihre Ehre verletzte. Und auch hier im Norden würden die Beduinen bei den noch immer nur zögerlich in Gang kommenden Infrastrukturprojekten außen vor gelassen. Ahmeds Litanei will nicht enden. Die Beduinen dürften weder in die Armee noch zur Polizei. Viele erhielten nicht einmal die ägyptische Staatsangehörigkeit und seien Staatenlose. Polizeigewalt sei jahrelang allgegenwärtig gewesen. Nach jedem Attentat oder jeder Demonstration wären Hunderte von Mitgliedern eines Klans verhaftet worden. Ein Bildungssystem sei quasi nicht existent, vom Gesundheitssystem und dem Zustand der Krankenhäuser ganz zu schweigen. »Wir mochten die Israelis nicht, aber wenn jemand schwerkrank war oder einen Unfall hatte, wurde er sofort mit Hubschraubern in ein vernünftiges Krankenhaus gebracht.« Der Diskurs anderer Beduinen über die Ägypter ist noch radikaler. »Unter Israel war alles besser, die wollen wir jetzt aber nicht zurück, wir wollen unsere Unabhängigkeit« ist bei Gesprächen mit den Beduinen häufig zu hören.

Ahmed distanziert sich von solchen Meinungen. Er hat seine eigenen Methoden, um sich für die Rechte seiner Bevölkerungsgruppe einzusetzen. Ständig jongliert er mit den zwei Smartphones, die er braucht, um bei der schwachen Abdeckung verschiedene Mobilfunknetze benutzen zu können. Wenn er sich nur zehn Minuten hinsetzen kann, öffnet er seinen Laptop mit mobilem Internetmodem. Sobald sich etwas ereignet, informiert er die Zeitungen und Fernsehsender in Kairo, für die er arbeitet. Über seine Facebook-Seite kommuniziert er mit seinen Followern, darunter auch mit ausländischen Journalisten weltweit. Er selbst informiert sich ständig darüber, was auf dem Globus los ist, genauso wie über Ausschreibungen, die ihn beruflich weiterbringen könnten. Voller Stolz – und das zu Recht – erzählt er, dass er gerade ein Stipendium beim arabischen Dienst der Deutschen Welle bekommen hat. Ahmeds Kontakte und seine digitale Vernetzung haben ihm auch Respekt bei seinen beduinischen Brüdern eingebracht. Das Wort »Brüder«, wie in »Stammesbrüder«, löst in der arabischen Welt nicht das Gefühl aus, man schaue auf die einheimische Bevölkerung herab, wie das im Westen der Fall ist. Im Gegenteil: Gerade Beduinen, aber auch alle anderen Ägypter und vor allem Islamisten betrachten sich als Brüder. *Ya achi* oder *ya uchti*, mein Bruder oder meine Schwester, ist eine häufig genutzte respektvolle Anrede. Der besondere Respekt vor Ahmed geht so weit, dass er als vertrauensvoller Mittelsmann bei Geiselnahmen eingesetzt wurde, beispielsweise als Mitte Januar 2013 eine schwedische Touristin und ein israelischer Tourist von Beduinen entführt wurden, um von ägyptischen Sicherheitskräften inhaftierte Klanmitglieder freizupressen – kein seltener Vorfall. Der Journalist wurde nach den erfolgreichen Verhandlungen von seinen Stammesgenossen beauftragt, die Geiseln in einem schwer zugänglichen Gebirgstal abzuholen und den Behörden zu übergeben. Er nutzte die Gelegenheit, um mit den leicht verstörten Touristen das erste Interview zu führen, welches er sofort per Internet an die TV-Sender schickte. Trotz seiner scheinbaren Gelassenheit selbst in schwierigen Situationen war der junge Beduine über die Situation im Sinai schon damals extrem beunruhigt – die Lage sei explosiv.

Am nächsten Tag sind wir zum Mittagessen bei einem der Scheichs, dem Anführer der Vereinigung der Sinai-Stämme Suwarka und Tarabin, eingeladen. Eine der wichtigsten Rollen der Beduinenscheichs ist das Schlichten von Konflikten innerhalb und zwischen den verschiedenen Stämmen, aber auch mit den Ägyptern vom Niltal und -delta. Wir sitzen auf Kissen in seinem 80 Quadratmeter großen Empfangsraum. Ibrahim al Menei nimmt kein Blatt vor den Mund: »So wie wir Beduinen hier behandelt werden, kann man sich nicht wundern, dass Gewalt ausbricht.« Die Menschen in Kairo würden zumeist noch immer mit Fahnen demonstrieren, er und sein Stamm jedoch stattdessen mit der Panzerfaust, sagt er ganz gelassen in dem den Beduinen hier eigenen arabischen Dialekt. Alle Erfahrungen hätten gezeigt, dass die Ägypter – gemeint ist damit der Zentralstaat – nur die Sprache der Gewalt verstehen würden. Ehrlich gesagt komme ich, etwas sprachlos, gar nicht auf die Idee, mir die Waffensammlung des Scheichs anzusehen. Ahmed hatte mir schon vorher in einer seiner eindrucksvollen Fotoreportagen das auf dem Sinai verfügbare Arsenal gezeigt. Schwere Maschinengewehre und auf Pick-ups montierte Granatwerfer, Raketenwerfer und natürlich eine ganze Bandbreite mobiler Mörser, Panzerfäuste und leichter Maschinengewehre, vor allem sowjetischer Bauart. Die meisten Waffen stammen aus den geplünderten Lagern Gaddafis – die Beduinen aus dem Sinai verfügen über hervorragende Kontakte nach Libyen. Die gesamte Mittelmeerküste, vom Sinai über Bengasi bis Tripolis in Libyen, ist mit Ausnahme des Nildeltas von Beduinen bevölkert. Sie gehören zwar nicht demselben Stamm an, doch sie verbindet die gleiche, vor allem auf mündlichen Überlieferungen beruhende Stammeskultur, gemeinsame Gepflogenheiten und ein gemeinsamer arabischer Dialekt, der sich vom Ägyptischen sehr unterscheidet. Ein Teil der Waffen wird weiter in den Gazastreifen geschmuggelt, der andere bleibt im Sinai und kommt hier zum Einsatz, vor allem durch Dschihadisten. So wurden am 5. August 2012 16 ägyptische Soldaten bei einem Angriff auf einen Kontrollpunkt getötet. Auch tödliche Angriffe auf Israelis gab es schon. So gelang es Dschihadisten im August 2011, vom Sinai aus nach Israel vorzudringen und acht Menschen zu töten, mehr als 40 Personen wurden verletzt.

Ein junger Beduine betritt den Raum und bringt unser Essen auf einem großen runden Aluminiumtablett. Er stellt es auf den Boden und legt Sitzkissen um das Tablett. Es gibt Huhn mit Reis. Gegessen wird eher wie auf der arabischen

Halbinsel als in Ägypten, die Fleischstücke liegen in der Mitte des Reisbergs, jeder nimmt sich etwas, wer will, mit einer Gabel, doch eigentlich formt man mit der Hand einen Reisballen und nimmt sich dazu ein bisschen Hühnerfleisch. Der traditionell in weißem Gewand und weißem Turban gekleidete Scheich betont, er sei kein Radikaler. Er würde mit der Regierung und vor allem mit der Armee verhandeln und dadurch das Schlimmste verhindern. Bewaffnet sei er nur, um seine Verhandlungsposition in dem neuen Ägypten zu stärken. Das wirkliche Problem sei, dass die Beduinen des Sinai lange vernachlässigt wurden, sodass sich hier sehr radikale Elemente breitgemacht hätten: extremistische Salafisten, viele davon Dschihadisten. Sie seien an Demokratie und Verhandlungen nicht interessiert und würden auch die traditionelle Stammesordnung, in der die Scheichs Schlichter und Autoritätspersonen seien, kaum noch respektieren. Aber er könne auch hier helfen zu vermitteln, sagt Ibrahim al Menei. Seine Intention ist offensichtlich: Er will davon überzeugen, dass die traditionellen Scheichs und somit auch er bei der Wahrung des fragilen Gleichgewichtes zwischen den verschiedenen Konfliktparteien unentbehrlich sind. Dieses Gleichgewicht sah für ihn folgendermaßen aus: Die Beduinen greifen einerseits die Armee als einzigen Repräsentanten des Staates nicht an und versuchen dafür die Dschihadisten halbwegs in Schach zu halten. So verhindern sie eine bewaffnete Konfrontation mit Israel oder Ärger mit dem Hauptsponsor der ägyptischen Streitkräfte, den US-Amerikanern. Die Armee sorgt im Gegenzug dafür, dass die verhasste Polizei entweder erst gar nicht in die Ortschaften zurückkommt oder zumindest die Beduinen in Ruhe lässt. Die Regierung in Kairo war für ihn dabei außen vor. Von ihr erwartete man jedoch langfristig ein Entwicklungsprogramm, welches die Beduinen und vor allem ihre Rechte an sehr viel Land einbezieht. Auch hier solle die Armee eine wichtige Mittlerrolle spielen. Sie soll sich bei der Regierung in Kairo für die Rechte der Beduinen starkmachen. Gleichzeitig wurde von ihr erwartet, den lukrativen »Handel« – gemeint ist der Schmuggel durch die Tunnel in den Gazastreifen, aber auch auf geheimen Pfaden mit den Beduinenbrüdern im israelischen Negev und dem nahegelegenen Jordanien – zu tolerieren.

Auch Scheich Ibrahim al Menei ist ein »Händler«, aber, wie er betont, ein ehrenwerter. Im Übrigen sei er folgendes leid – er deutet auf seinen Laptop, der auf dem Boden steht: dass die Beduinen in den ägyptischen Medien ständig als Banditen und Terroristen, im besten Fall als Barbaren dargestellt würden. All dies würde zur Radikalisierung der jüngeren Generation beitragen. Ahmed, der Journalist, erklärt nach dem Essen im Auto, was der Scheich mit »ehrenwerter Händler« meint. Er betreibe keinen Menschenschmuggel, sondern er wolle die Opfer vor skrupellosen Händlern sogar beschützen. Ahmed gewann im Juni 2013 im libanesischen Beirut für einen investigativen Artikel zu dem traurigen Thema den wohl renommiertesten arabischen Journalistenpreis. Tausende von Flüchtlingen aus dem subsaharen Afrika kommen über alte Karawanenwege in den Sinai in der Hoffnung, nach Israel zu gelangen und dort politisches Asyl zu beantragen. Viele werden dabei Opfer von Menschenhändlern und Erpressern, und einige werden sogar angeblich von Organschmugglern umgebracht. Ahmed ist der Ansicht, dies würde nicht geschehen, hätte der ägyptische Staat die Beduinen nicht jahrelang so miserabel behandelt. Aber auch er weiß natürlich, dass die Realität nicht nur aus Schwarz oder Weiß besteht. Einige Beduinen sind zu großem Reichtum gelangt, nicht nur durch Schmuggel, sondern auch durch die Aufzucht von großen Ziegen- und Kamelherden, andere haben am arabischen Golf gearbeitet. Die Wohlhabenden lassen sich an ihren pagodenartigen Villen mit roten Ziegeldächern inmitten der Wüste erkennen. Wie dieser Baustil in den Sinai kam, ist ein bisher ungelöstes Geheimnis. Auch war der ägyptische Staat nicht vollkommen untätig.

Wir machen einen kurzen Stopp in der Beduinensiedlung el-Gorah, die zur Kleinstadt El-Sheikh Zouaid gehört und aus relativ modernen und gepflegten kleinen Miets- oder Einfamilienhäusern mit Flachdächern besteht. Wir parken im Vorhof eines dreistöckigen Betonbaus. Ein Gemeindezentrum der Beduinen, die »Soziale Entwicklungsorganisation« von el-Gorah, hat hier ihren Sitz. Sie wird vom ägyptischen Staat sowie von internationalen Geldgebern unterstützt. Die Organisation bietet zahlreiche kreative Programme für Kinder, aber auch einfache Kurse zum Lesen- und Schreibenlernen an. Vor allem wird hier den oftmals sehr abgeschottet lebenden Beduinenfrauen »Hilfe zur Selbsthilfe« angeboten, die von ganz einfachen Dingen wie Behördengängen bis zur Unterstützung bei der Gründung gemeinnütziger Vereine reicht. Ihr junger »Manager«, der sehr gut Englisch spricht, erklärt, dass der ägyptische Staat natürlich etwas tun würde, aber eben nicht genug. Im Nord-Sinai müssten massive Investitionen in Infrastruktur erfolgen, von denen dann in erster Linie die Beduinen und nicht die ägyptische Wirtschaftselite profitieren würden.

Ahmed, der Journalist, pflichtet allem bei. Er wohnt nur wenige Kilometer entfernt vom Sitz der Organisation in El-Sheikh Zouaid, in einer Siedlung inmitten eines Pfirsichhains. Unter Pfirsichhain darf man sich hier jedoch kein grünes Gras und üppige Vegetation vorstellen, die Bäume stehen in der Wüste und werden künstlich bewässert. Auf der Terrasse seines schmucken länglichen weißen Hauses essen wir Wassermelonen – die Pfirsiche sind noch nicht reif – und diskutieren eines der wichtigsten Probleme des Nord-Sinai: Land und Wasser. Theoretisch gehört der Großteil des Landes dem Staat, vor allem in den noch nicht landwirtschaftlich genutzten Wüstengebieten und im strategisch wichtigen Sinai. Dieses Land wird nach unterschiedlichen, oftmals sehr komplizierten Modellen verpachtet, zeitlich begrenzt oder als Erbpacht. Diese Pacht ist an Bedingungen geknüpft, das Land soll für industrielle oder touristische Zwecke genutzt werden, vor allem aber für landwirtschaftliche Projekte, um den Boden zu bewässern. Darin liegt die Krux, denn oftmals haben nur reiche ägyptische Unternehmer oder Konsortien aus in- und ausländischen Investoren die finanziellen Mittel für die dafür nötige Infrastruktur. Es existieren natürlich auch staatliche Projekte, die armen Ägyptern im Sinai zugutekommen sollen. Dabei handelt es sich aber oftmals um die Unterstützung armer, landloser Fellachen aus dem Niltal in Oberägypten und dem nicht weit entfernten Nildelta. Auch Ahmed sieht, dass die 400 000 bis 500 000 Beduinen kein alleiniges Anrecht auf den 60 000 Quadratkilometer großen Sinai haben, eine Gegend, die zweimal so groß ist wie Belgien mit seinen elf Millionen Einwohnern und die aufgrund ihrer geographischen Lage ein gigantisches Potenzial besitzt. Sollte es einmal zu einem umfassenden Frieden im Nahen Osten kommen, würde der Sinai wieder zur natürlichen Brücke zwischen Asien und Afrika.

Ahmed möchte, dass zumindest eine der Hauptforderungen des Umbruchs in Ägypten erfüllt wird: soziale und gesellschaftliche Gerechtigkeit. Allein schon für seine zwei Kinder, den elfjährigen Mustafa und die vierjährige Noha, arabisch für *Weisheit*, die schüchtern mit uns ein paar Stücke von der Wassermelone essen. Obwohl Ahmed im digitalen Zeitalter angekommen ist, hält er an den Traditionen der Beduinen fest: Seine Frau Zahra, arabisch für *Blume*, bekomme ich nicht zu Gesicht.

Eindringlich warnt Ahmed vor der Gemengelage zwischen Armee, Dschihadisten und Beduinen im Sinai, die seiner Ansicht nach ein hochgefährliches Gemisch bilden. Jeden Moment könne es zu neuen Explosionen kommen. Schnelles Handeln sei gefragt. Ahmeds Vorhersage wurde leider sehr schnell bestätigt: Sechs Wochen nach unserem Gespräch, am 16. Mai 2013, wurden drei Polizisten und vier ägyptische Soldaten von Beduinen entführt. Angeblich wollten sie inhaftierte Stammesgenossen freipressen, die wirklichen Hintergründe liegen jedoch im Dunkeln. Eineinhalb Monate später, nur wenige Tage nach dem Sturz von Präsident Mohammed Mursi – der im Nord-Sinai über 55 Prozent der Stimmen errungen hatte und für salafistische und dschihadistische Beduinen ein zumindest halbwegs akzeptabler Präsident war –, wurden der

Gouverneurspalast in al-Arish gestürmt, der auch militärisch genutzte Flughafen angegriffen und ein koptischer Priester ermordet. Mitte August 2013 wurden von den Dschihadisten 25 Soldaten brutal ermordet. Der Sinai ist mittlerweile militärisches Sperrgebiet, täglich kommt es zu Gefechten. Die Armee versucht, den Terror mit allen Mitteln zu bekämpfen – auch mit hochmodernen Kampfhubschraubern. Manchmal scheinen die Militärs ihre Ziele jedoch zu verfehlen und auch Zivilisten zu verletzen. Dies zumindest berichtete Ahmed Anfang September. Er wurde inhaftiert und auf einem Foto mit mutmaßlichen Terroristen öffentlich vorgeführt. Ein Militärgericht verurteilte ihn nach über einem Monat wegen der »Verbreitung falscher Informationen« zu einem halben Jahr Gefängnis auf Bewährung. Ihn, der das Eingreifen der Militärs zum Sturz der Muslimbrüder begrüßt hatte. Es ist nur ein schwacher Trost, dass sich die ägyptische Journalistengewerkschaft, zahlreiche Anwälte und Reporter ohne Grenzen für ihn starkmachten.

Ahmed hatte sich vor seiner Verhaftung nicht nur für die Rechte der Beduinen eingesetzt und wiederholt betont, dass die Menschen im Nord-Sinai nicht die einzigen unzufriedenen ethnischen Gruppen des Landes seien. Stämme aus Arabien leben überall entlang der gesamten Mittelmeerküste und des Roten Meeres gegenüber der Arabischen Halbinsel, aus der sie nach und nach seit 640 n. Chr. einwanderten, aber auch in Dörfern um Assuan und Luxor, um den Assuan-Stausee sowie in der libyschen Wüste und ihren Oasen. Ihre Anzahl ist durch keinen Zensus belegt, aber es sind sicherlich mehrere Millionen. Allein diese Tatsache widerlegt den Mythos, dass alle Ägypter Fellachen und Nachfahren der Pharaonen sind. In ganz Ägypten verlangen nun Bevölkerungsgruppen ihre Rechte, nicht nur hier im hohen Norden, sondern auch im tiefsten Süden, etwa im über tausend Kilometer entfernten Oberägypten. Dort verlangt eine Ethnie Gerechtigkeit, die tatsächlich behaupten kann, schon zu pharaonischen Zeiten hier gelebt zu haben.

Zurück an den Nil

Der nubische Traum vom verlorenen Paradies

Die Landschaft mit azurfarbenem Wasser, tiefblauem Himmel und hellem Steinfelsen ist – wie soll man sie anders beschreiben – majestätisch. Die menschenleeren, unbebauten Ufer könnten jedem Strand am Roten Meer Konkurrenz machen. Lediglich das Grün der Schatten spendenden Palmen fehlt. An den Ufern und in der dahinterliegenden Wüste gibt es keinerlei Vegetation – schwer vorstellbar, dass hier noch vor wenigen Jahrzehnten blühende Gärten, Äcker und Palmenhaine das Ufer säumten. Wir befinden uns auf dem Nassersee, 240 Kilometer südlich vom Assuan-Staudamm. Unter dem Wasser liegt eine versunkene Welt. Damit sind keine pharaonischen Monumente gemeint. Zwar sind wir genau über Abu Simbel, jedoch nicht dem monumentalen Tempel mit seinen 24 Meter hohen Statuen des Herrschers Ramses II. Das berühmte Heiligtum wurde zwischen 1963 und 1968 in einer wohl einmaligen Rettungsaktion in bis zu dreißig Tonnen schwere Blöcke zerschnitten und etwas entfernt auf einer Hochebene wieder aufgebaut, um es vor den Fluten des

Nils zu retten. Tief unter dem Wasser liegt ein anderes Abu Simbel, das nubische Dorf, welches dem Tempel seinen Namen gab. Ein Dorf mit bunt bemalten Häusern und religiösen und traditionellen Symbolen an den Fassaden, etwa der schwarzen Katze, dem Zeichen der Hoffnung; mit Häusern aus getrockneten Lehmziegeln und Wüstengestein, oftmals mit einer länglichen Wölbung, der berühmten nubischen Kuppel, als Dach und mit schattigen Innenhöfen. Insgesamt liegen 35 Dörfer unter dem riesigen, über 5000 Quadratkilometer großen und bis zu 180 Meter tiefen Nassersee. 23 Tempel und Schreine Nubiens wurden in den sechziger Jahren in einer internationalen Aktion unter der Leitung der UNESCO vor den Fluten gerettet und eins zu eins an anderer Stelle wieder aufgebaut. »Die Tempel wurden besser behandelt als die Menschen«, sagt Fawzi Gayer. Der schmalgliedrige Mann mit kaffeebrauner Haut ist Angestellter beim ägyptischen Gesundheitsministerium, vor allem aber nubischer Aktivist. Es war nubisches Land, welches vor knapp einem halben Jahrhundert hier unter den Wassermassen verschwand. Die Nubier sind vermutlich eines der ältesten Kulturvölker der Welt, dessen Geschichte Jahrtausende zurückreicht, sie besitzen ihre eigene Sprache und Kultur.

Vier Mal musste die heute etwa drei Millionen starke, auf Ägypten und den Sudan verteilte Bevölkerungsgruppe ihre Dörfer aufgeben. Das erste Mal im Jahre 1902, als die damalige englische Kolonialmacht einen ersten kleineren Damm in der Nähe von Assuan baute; das zweite Mal 1912, als der Damm erhöht wurde, und das dritte Mal 1933 aufgrund einer weiteren Erhöhung. Die Dörfer des schmalen Niltals wurden jeweils einige hundert Meter weiter landeinwärts auf höhere Hanglagen verlegt. Beim vierten Mal, Anfang der sechziger Jahre, war alles anders: Abertausende von Nubiern mussten die Ufer des Nils ganz verlassen. Mit dem Baubeginn von Gamal Abdel Nassers Hochdamm – bis heute aufgrund der ökologischen Nachteile, etwa der Versalzung des Nildeltas, des Mangels an natürlichem Dünger durch Nilsedimente und der starken Wasserverdunstung auf dem See, umstritten – begann auch der große nubische Exodus. Die Nubier nennen ihn die *Hidschra*, ein im Islam emotionsgeladenes Wort, welches das Exil des Propheten Mohammed und die Gründung der ersten islamischen Gemeinschaft in Medina bezeichnet. Nur konnte der Prophet wieder in seine Heimatstadt Mekka zurückkehren – nicht aber die Nubier in ihre Heimatdörfer an den Ufern des Nils.

Die über hunderttausend Bewohner der 35 nubischen Dörfer wurden in neu gebaute Siedlungen in der Wüste, vor allem in der Umgebung der 240 Kilometer entfernt gelegenen Stadt Assuan, umgesiedelt. Sie erhielten jedoch das Versprechen, wieder an die Ufer zurückziehen zu dürfen, sobald sich der Wasserspiegel bei Erreichen der maximalen Staukapazität des Sees stabilisiere. Den großen Worten folgten jedoch nie Taten. Kein einziges Dorf wurde am Rande des Sees wieder aufgebaut. Dennoch machen sich Nubier bereits seit Jahrzehnten auf, um ihr Land neu zu besetzen; seit dem Sturz Mubaraks werden es immer mehr.

Wir sind auf dem Weg nach Balana an der Ostseite des Sees. Das Dorf wurde zwar ebenfalls überflutet, doch unweit ihrer versunkenen Heimat harrt eine alte Dame seit über dreißig

Jahren in der Hoffnung aus, dass hier der Ort ihrer Jugend wieder entsteht.

Als Fähre kann man den schwimmenden Haufen Schrott, der uns in einer einstündigen Fahrt über den See bringt, eigentlich nicht mehr bezeichnen. Und das, obwohl schwere Laster an Bord sind und man das Gefühl hat, man sei auf dem offenen Meer. Die schweren Ladeklappen an Heck und Bug müssen mühsam mit der Hand heruntergelassen werden, ihre Motoren sind schon lange kaputt. Eigentlich hätte das in Ägypten konzipierte und hergestellte schwimmende Gefährt hochmodern und extrem manövrierbar sein sollen. Es wurde nicht am Heck, sondern auf der rechten und der linken Seite des Bugs mit Schiffsschrauben auf lenkbaren Achsen ausgestattet. Aber irgendetwas muss wohl ein Ingenieur falsch berechnet haben, das Boot dreht sich lediglich im Kreis. Jetzt fährt es mit nur einem eigenen Motor und einem Schlepper, der es seitlich vertäut schiebt: zwei Schiffe für ein funktionierendes. Die Reling fehlt zu großen Teilen oder ist so verbogen, dass sie niemanden vor einem Fall ins Wasser schützen würde. Für Reparaturen an der staatlichen Fähre will die Regierung kein Geld ausgeben. »Menschenleben sind in Ägypten billig und Menschenrechte kaum existent«, sagt der Kapitän des Gefährts. Auf das Schiff dürfen übrigens nur Ägypter und diese auch nur mit Genehmigung des Geheimdienstes. Dies galt natürlich auch für mich. Denn wir nähern uns der sensiblen Grenze zum Nord-Sudan – einer Grenze, an der nicht nur viel geschmuggelt wird.

Die ägyptische Regierung, aber auch die des Sudans haben hier Großes vor und wollen dabei wohl möglichst ungestört

Der nubische Aktivist Fawzi bei der Überquerung des Assuan-Stausees

bleiben. Aufgrund der großen Pläne befinden sich auch die zahlreichen Laster auf dem Boot. Nubien soll hier wieder zum Bindeglied zwischen Ägypten und seinem südlichen Nachbarn werden, wie vor dem Staudammbau in den sechziger Jahren. Doch nicht mehr der Nil soll als Haupttransportweg dienen, sondern eine moderne Straßenverbindung – die erste überhaupt zwischen den Hauptstädten Khartoum und Kairo. Auch sollen die nubischen Ufer des Nilstausees wieder zu blühenden Landschaften werden. All dies jedoch, soweit es sich vermeiden lässt, ohne die Nubier.

Wir kommen an dem kleinen Landesteg des Ostufers an. Nach wenigen Metern Wüstenpiste gelangen wir auf eine frisch geteerte breite Straße. Sie soll noch in diesem Jahr, sobald der Grenzübergang fertig gebaut ist, Ägypten mit dem Sudan verbinden. 30 Kilometer sind es bis nach Wadi Halfa im Sudan oder besser gesagt dem »Neuen Halfa«, denn die historische Stadt liegt ebenfalls unter den Fluten begraben. Noch immer ist Wadi Halfa ein wichtiges Zentrum der nubischen Kultur, mit der vermutlich größten nubischen Bevölkerungsmehrheit, allerdings für die Nubier Ägyptens nur äußerst mühsam zu erreichen. Im rechten Winkel zur Straße liegen große, kilometerlange Wasserrohre – Hunderte davon. Die Leitungen nehmen an dem mittlerweile mehrere Kilometer entfernten Stausee ihren Anfang; unterbrochen werden sie in regelmäßigen Abständen von kleinen rechteckigen Betonbauten – Pumpstationen. Fawzi erläutert:»Das ist ein gigantisches Bewässerungsprojekt. Da geht es um Hunderte Millionen von Pfund, wenn nicht gar um Milliarden. Es wird von einem internationalen Konsortium finanziert.«

Plötzlich ist keine der vielen Rohrleitungen mehr zu sehen, dafür aber ein paar bescheidene, zumeist verlassene rechteckige Behausungen aus Lehm und Stein – mitten in der Wüste. Abgestorbene Palmen und Obstbäume stehen neben einem der Häuser. Wir werden von einer alten Frau begrüßt. Hagga Tahra hat sich hier, nur wenige Kilometer von ihrem überfluteten Geburtsort entfernt, im Jahr 1979 niedergelassen. Damals hieß Ägyptens Präsident noch Anwar as-Sadat. Er sei der einzige Präsident des Landes gewesen, der ein wenig Sympathie für die Nubier besaß, weil er selber nubische Vorfahren hatte, erklärt uns die alte Dame. Sadat hätte ihnen erlaubt, wieder hierher an die Ufer des Sees zurückzukehren. Zwei Jahre später wurde Sadat von extremistischen Islamisten erschossen. Schon damals hätten zahlreiche Nubier versucht, sich hier anzusiedeln. Fawzi, der Aktivist, erläutert, jedes Dorf habe Arbeitsgruppen gebildet, die versuchten, in ihren Herkunftsorten einfache Häuser zu bauen und vor allem das Land zu bewirtschaften. Dies sei aber ohne staatliche Hilfe unmöglich. Zunächst hätten die Nubier, wie es alle Nilanwohner vor dem Staudammbau seit Jahrtausenden praktizieren, versucht, am Ufer ihre Pflanzungen mit Hilfe der Nilschwemme zu bewässern. Ein zum Scheitern verurteiltes Unternehmen, denn der Wasserspiegel schwankt zu stark. Sobald er nur wenige Meter falle, würde sich der See gleich einige Kilometer weit zurückziehen und die Felder vertrocknen. Stiege hingegen das Wasserniveau, würden die Felder so weitflächig und lange überschwemmt werden, dass Pflanzungen dadurch zerstört würden. Hagga Tahra und ihr inzwischen verstorbener Mann probierten, ihr Land mit einer anderen Methode zu bewässern: mit Hilfe einer Pumpe. Sie zeigt uns ihren ehemaligen Obstgarten, alle Bäume sind vertrocknet. Der Preis für Diesel, mit dem die Pumpe betrieben wird, sei über die Jahre zu stark gestiegen und habe die Bewässerung einfach unfinanzierbar gemacht. Ohne staatliche Hilfe und Investitionen in die notwendige Infrastruktur für die Wasserversorgung sei eine Rückkehr an die Ufer des Nils ausgeschlossen. Seit Sadat habe keine ägyptische Regierung die Nubier in irgendeiner sinnvollen Weise unterstützt. »Die riesigen Wasserleitungen, die wir auf der Herfahrt gesehen haben, sind alle für Großinvestoren. Hierher führt keine einzige Rohrleitung«, betont Fawzi. Die alte Dame möchte hier trotz allem weiter ausharren, in der Hoffnung, dass irgendwie doch noch das Nubien ihrer Kindheit wiederersteht: »Ein fruchtbares Nubien, in dem man, sobald man aus dem Haus kam, Limonen und Granatäpfel pflücken konnte, die dann gerecht aufgeteilt wurden.« Heute Abend wird Hagga Tahra tatsächlich das Gefühl haben können, ihr altes Nubien würde zurückkehren. Denn in mehreren Minibussen kommen ehemalige Bewohner ihres versunkenen Dorfes oder deren Nachfahren aus ganz Ägypten, um ihrer Forderung zur Rückkehr an den Nil Nachdruck zu verleihen und Pläne für die Zukunft zu schmieden.

Wir überqueren den See erneut. Auf der anschließenden dreistündigen Rückfahrt mit dem Auto von Abu Simbel nach Assuan sind Dutzende Fata Morganas zu sehen, flirrende Flächen in der Wüste, die den Eindruck erwecken, es handele sich bei ihnen um kleine Seen.

Die Siedlung Karkar im gleichnamigen Tal unweit des Flughafens von Assuan ist hingegen leider keine Fata Morgana.

Die Nubierin Hagga Tahra vor ihrem verdorrten Obstgarten

Hier stehen, mitten in der völlig kargen Wüste, Hunderte kleiner Häuser mit Innenhöfen und länglichen Kuppeln. Der Baustil ist den traditionellen nubischen Dörfern nachempfunden. An einigen Häusern wird noch gebaut, doch die Schule und das Gemeindezentrum sind bereits fertiggestellt. Bauträger ist die ägyptische Armee. Mit dieser Siedlung will der Staat endlich sein Versprechen wahr machen und die Nubier tatsächlich entschädigen. Seit der preisgekrönte nubische Schriftsteller Haggag Oddoul im Jahr 2005 in den USA auf das Leid seines Volkes aufmerksam machte und damit einigen Wirbel auslöste, stand das damalige Mubarakregime unter Druck. Die meisten Nubier weigern sich jedoch, in die neue Siedlung zu ziehen. Für den Aktivisten Fawzi ist das Großprojekt nicht einmal ein Trostpflaster, sondern ein hinterlistiges Ablenkungsmanöver. Hier gebe es kein Agrarland und die Siedlung sei gute zehn Kilometer vom Wasser des Nils entfernt. Die Ufer würden reichen Geldgebern überlassen und die Nubier im wahrsten Sinne des Wortes in die Wüste geschickt. »Unsere ganze Kultur, unser ganzes Wesen ist mit dem Leben am Wasser verbunden. Hunderte von Jahren hat mein Volk am Fluss gelebt – unsere Identität wird durch ihn bestimmt.« Und genau diese Identität hätten die Regierungen Ägyptens den Nubiern zu rauben versucht.

Rings um Assuan, unterhalb des Staudamms in den Gegenden, die nicht überschwemmt wurden, existieren noch nubische Dörfer am Nil. Sie sind neben den pharaonischen Monumenten eine Touristenattraktion. Schattige Palmen und die bunten Lehm- und Ziegelhäuser kontrastieren mit dem Blau des Nils und den mächtigen Felsen, die das Niltal hier begrenzen. Auf dem Strom segeln noch Felukas mit ihren gro-ßen weißen Segeln. Im Dorf wird man freundlich und ruhig begrüßt. Selbst ein kleiner Spaziergang verdeutlicht jedem, warum die umgesiedelten Nubier auch vierzig Jahre nach ih-rer *Hidschra*, ihrer erzwungenen Umsiedlung, zurück an die Wasser des Nils wollen. Es ist der Traum von der Rückkehr ins verlorene Paradies. Ein für manchen Nubier, wie hier auf Elephantine, einer Insel vor Assuan, noch real existierendes Paradies, zumindest was die Ruhe und Schönheit des Ortes betrifft. Dass die Nubier auch hier mit der Wirtschaftskrise, der Armut und all den damit verbundenen Problemen zu kämpfen haben, versteht sich von selbst. Und sie wollen mehr sein als ein Sprengsel bunter Folklore für Ägyptens Tourismus-industrie.

Ich begleite Fawzi nach Hause. Er wohnt in der Nähe von Kom Ombo, einer Tausende von Jahren alten Stadt, berühmt für ihren sehr gut erhaltenen Tempel aus pharaonischer und ptolemäischer, also griechischer Zeit, welcher dem krokodil-köpfigen Gott Sobek, aber auch Apollo gewidmet war. Fawzi und seine Familie wohnen jedoch nicht in Kom Ombo selbst, sondern in der zehn Kilometer entfernten Siedlung Nasr al-Nuba, die 1963 während des großen Exodus inmitten der Wüste gebaut wurde. Die kleinen Straßen sind ungeteert, und nur vereinzelt stehen ein paar Schatten spendende Bäu-me. Zahlreiche der ockerfarbenen einstöckigen Häuser sind halb eingestürzt. »Der Grund hier ist schlecht, er bewegt sich«, sagt Fawzi. Der bescheidene äußere Eindruck des Hau-ses von Fawzis Heim täuscht ein wenig. Es besteht aus vier Zimmern und hat einen geräumigen Innenhof. In ihm stehen die traditionellen großen Tongefäße, in denen Wasser zur Kühlung aufbewahrt wird. Hier lebt der 47-Jährige, geboren während des Exodus, mit seiner Frau, zwei Töchtern im Babyalter, seiner Mutter und seinem ledigen Bruder. Wir sitzen in dem schlichten, schönen Wohnzimmer: Hellbeige bezogene Sofas stehen entlang der Wände, Vorhänge und Teppich ebenfalls in Beigenuancen. Ja, heute könne man hier ganz gut leben, sagt Fawzi, aber das war nicht immer so. Seine Familie habe hier ihr ganzes Geld hineingesteckt. Er berichtet von den Schrecken der großen nubischen Umsiedlung und all dem, wovon ihm seine Eltern und Verwandten so viel erzählt haben. Die Familien seines Dorfes wurden bei brütender Hitze auf offenen Lastern der Armee hierhergekarrt. Dann wurde eine Liste vorgelesen. »Familie so und so, ihr bekommt Hausnummer so und so.« Vor allem die älteren Nubier waren fassungslos, ihre Häuser am Fluss gegen nicht einmal halb fertiggestellte neue Bleiben mitten in der Wüste eintauschen zu müssen. Manche der Zwangsumgesiedelten hätten sich einfach umgedreht, aus dem Staub gemacht und versucht, bei Verwandten in noch existierenden Dörfern oder in den Städten Oberägyptens unterzukommen. Einige ältere Nubier hätten sogar so unter Schock gestanden, dass sie sich zum Sterben in die Wüste gesetzt hätten. Zahlreiche Menschen seien bei der Hitze durch Schwächeanfälle ums Leben gekommen und weil es kein sauberes Trinkwasser gab. Der einzige erreichbare Wassertank befand sich mehrere Kilometer entfernt an einem Kanal.

Wir hören nubische Musik. Eine gesungene lange Ballade, von einer Laute begleitet. Nubier, die afrikanische und arabische Stilelemente verbinden, gehören zu den berühmtesten Musikern Ägyptens. Das Lied, das wir hören, hat Fawzis Vater komponiert. Er war ein berühmter nubischer Sänger, der die Traditionen des Volkes gepflegt hat. Sein Vater habe sich abends ins Freie gesetzt, spontan ohne Stift und Zettel seine Balladen komponiert und auswendig gelernt. Er habe jedoch viele nubische Schriftsteller gekannt. Ihnen, den Künstlern, sei es zu verdanken, dass die nubische Identität überhaupt noch existiere. Denn sich offen politisch für die Rechte der Nubier zu engagieren war jahrzehntelang unmöglich.

Fawzi möchte uns die politischen Hintergründe für das bewusste Desinteresse und die Diskriminierung durch die verschiedenen ägyptischen Regierungen erklären. Dabei geht es zum Teil um ganz große Politik. Gamal Abdel Nasser, der auf der einen Seite eine panarabische Ideologie, aber gleichzeitig auch einen starken ägyptischen Nationalismus zu den wichtigsten Elementen seiner Staatsideologie erkoren hatte, war die nubische Identität ein Dorn im Auge. Er verkündete, alle Ägypter seien kulturell schlicht Araber, wenn auch zumeist fellachischen Ursprungs. Für eine eigene nubische Identität war da kein Platz. Zur Schwächung der Nubier habe Nasser sie bewusst inmitten anderer Bevölkerungsgruppen, wie hier zu den Fellachen aus Oberägypten und den arabischen Stämmen, umgesiedelt. So sollte vor allem auch die geographische Kontinuität zwischen den in Ägypten lebenden Nubiern und der anderen Hälfte der Bevölkerungsgruppe im Sudan gekappt werden. Das Nachbarland hatte im Jahr 1956, also kurz vor dem Staudammbau, durch ein Referendum seine Unabhängigkeit von Ägypten erlangt. Der arabische Nationalist

Nasser fürchtete nun, dass die Nubier, falls sie wieder an den Nil zurückkehrten, gemeinsam mit ihren Landsleuten auf sudanesischer Seite einen eigenen Staat fordern würden. Noch einmal betont Fawzi, dass Anwar as-Sadat wohl der einzige ägyptische Präsident gewesen sei, der aufgrund seiner eigenen nubischen Wurzeln dem Volk helfen wollte. Vor allem für Mubarak und seine Politik empfindet er Verachtung. »Dieser Klan hatte nur ein Interesse an den Nubiern: unser Land, die wertvollen bewässerbaren Flächen, an ägyptische und ausländische Geschäftsleute zu vergeben und dafür astronomische ›Vermittlungsgebühren‹ zu erhalten.« Vor allem der Sohn Mubaraks habe reiche Prinzen vom arabischen Golf zur Gazellenjagd in die Wüstentäler mitgenommen, um ihnen dann die wertvollen Landstriche am Stausee zu zeigen und schmackhaft zu machen.

Fawzi hat bei den Massenprotesten, die zum Sturz Mubaraks führten, teilgenommen. Fast täglich hat er auf dem Platz vor dem Bahnhof in Assuan demonstriert – in erster Linie als Ägypter und erst in zweiter als Nubier. Als danach die Militärs die Macht übernahmen, habe er dem Militärgouverneur immer wieder erklärt, das nubische Volk würde seine Forderungen zurückstellen, bis es eine frei gewählte Regierung gebe. Dann wurde Mohammed Mursi Präsident. Ideologisch steht Fawzi den Muslimbrüdern in keiner Weise nahe. Islamismus ist für ihn eine Ideologie, die lokale und ethnische Identitäten ebenso wenig anerkennt wie der Panarabismus Nassers. Am schlimmsten seien die Salafisten. Bei ihnen gebe es nur eine islamische Identität, die alle Menschen gleichmachen wolle und dabei weniger vom Islam inspiriert sei als vielmehr von Traditionen aus Zentralarabien. Die Salafisten seien, laut ihm, durch den Sturz Mursis und die generelle Unzufriedenheit mit den Islamisten nun zum Glück ebenfalls geschwächt. Unter der Regierung der Muslimbrüder witterten die Nubier jedoch eine große Chance. Sie glaubten, ihre Forderungen durchsetzen zu können, weil das Regime so schwach war, dass es sich keine Großproteste in Oberägypten leisten konnte und gleichzeitig nach neuen Alliierten suchte. Die kaum ein Jahr dauernde Regierung unter Mursi konnte jedoch nicht viel für die Nubier unternehmen, da die Gerichte das Parlament aufgelöst hatten und somit keine Gesetze zu den Rechten der Nubier verabschiedet werden konnten. Die damals per Dekret und Referendum durchgepeitschte Verfassung lehnte Fawzi jedoch strikt ab – dort würden Minderheiten wie die Nubier mit keinem Wort erwähnt. Die einzige ägyptische Regierung, die vielseitig für die Bevölkerung des Landes eintrat, sei das selbst aus Albanien und dem Osmanischen Reich stammende Königshaus des Landes gewesen, das 1952 durch die Militärs gestürzt wurde. Fawzi freute sich bei unserem letzten Gespräch im August auf den Neuanfang nach dem Sturz der Islamisten: »Das wird keine Militärregierung, sondern eine Demokratie – auch für uns«, davon ist er überzeugt.

»Eine Kultur wurde nicht nur durch Worte geschaffen, sondern durch Taten«, singt sein verstorbener Vater im Hintergrund auf einer alten Aufnahme, die auf den Computer der Familie überspielt wird. Fawzi betont, genauso wichtig wie die Rückkehr in ihr Land am Nilufer sei die Rettung der nubischen Kultur und Sprache. Direkt nach der Revolution hat Fawzi eine Organisation mit dem Namen »Die Einheit der Nubier« mitgegründet, die der Stimme des Volkes mehr Gewicht geben soll. Die Nubier besetzten auch ein Gebäude, das der legendäre ägyptische Architekt Hassan Fathi gebaut hatte und das vom Staat unter Mubarak beschlagnahmt worden war, um wenigstens einen Ort zur Koordination und Planung ihrer Aktionen zu haben. Dutzende Nubier aus jedem Dorf seien Mitglieder in der Vereinigung. Auch Nubier aus allen Städten des Landes, selbst aus dem über 1000 Kilometer entfernten Alexandria, würden immer wieder zu Protestaktionen nach Oberägypten strömen. Bisher gibt es in ganz Ägypten keine eigenen nubischen Medien. Dies soll sich aber ebenfalls ändern. Fawzi und seine Mitstreiter wollen zunächst Sendezeit bei bestehenden Radio- und Fernsehanstalten mieten und dann eigene gründen. »So lange muss das hier reichen«, der Nubier zeigt auf das DSL-Modem – zumindest schnelles Internet gibt es in der Siedlung im tiefsten Süden Ägyptens. Fawzi ist jedoch der festen Überzeugung, dass unabhängig von der Regierung, unter welcher die Nubier ihre Forderung durchsetzen würden, seit der Revolution gegen Mubarak allen die Angst genommen worden sei. Die Rechte seines Volkes sind ihm wichtiger als der Tod. Im Sudan gebe es bereits eine bewaffnete Gruppe, »Die Bewegung zur Befreiung von Kusch« – Kusch ist der pharaonische Name für die Region –, die für die Rechte der Nubier kämpfe. So weit würde es in Ägypten jedoch nicht kommen. Im Sudan würden ja die zahlreichen Ethnien schon lange gewaltsam rebellieren. Die ägyptischen Nubier seien zwar extrem friedlich, gewaltfreier Widerstand aber sei eine ernst zu nehmende Option. Dabei könnten die Nubier die ganze Gegend um Assuan lahmlegen. Noch setzt

Fawzi aber auf die politische Vernunft der Machthaber in Kairo. Er ist sich der zahlreichen Trümpfe der Nubier sehr bewusst. »Wir werden in Ägypten respektiert, und das nicht nur als Köche, Fahrer und Sänger«, sagt Fawzi ein bisschen ironisch. »Diese Arbeiten verrichten viele Nubier in den Großstädten Kairo und Alexandria, um der Armut Oberägyptens zu entkommen. Jedem Ägypter ist bewusst, welche Opfer wir durch den Dammbau für das ganze Land gebracht haben.« Zudem sind die Nubier auch international gut vernetzt, nicht nur durch den Tourismus, sondern weil ihre Zivilisation und Kultur als eine der ältesten Afrikas gilt. Nubische Intellektuelle und wohlhabende Geschäftsleute im Ausland haben im Übrigen schon detaillierte Pläne und Finanzierungsmodelle für neue nubische Dörfer am Nil ausgearbeitet. Ökologisch sollen sie sein und gleichzeitig den Traditionen gerecht werden. Fawzi betont abschließend, wenn sie von Ägypten nicht ihr Recht bekämen, dann würden die Nubier eben vor internationale Instanzen ziehen. Schließlich hätte der ägyptische Staat zum Bau des Assuan-Staudamms und der Verlegung der historischen Monumente zahlreiche verbindliche internationale Konventionen unterschrieben. Eine Verurteilung durch internationale Gerichtshöfe könne sich wohl keine Regierung Ägyptens leisten. Aber so weit wird es vermutlich gar nicht kommen, sagt Fawzi im September 2013 bei einem Telefonat. Die Aufnahme des berühmten ägyptischen Schriftstellers und nubischen Aktivisten Haggag Oddoul in das Komitee zur Ausarbeitung einer neuen Verfassung sei ein wichtiges Zeichen. Die neuen Machthaber hätten verstanden, dass sie die Nubier nicht länger ignorieren könnten.

Schon im Mai 2013 war der Besuch bei Fawzi sehr erfrischend – so viel Optimismus inmitten der schwierigen Umbrüche, vor allem, da Oberägypten und auch die Stadt Kom Ombo Schauplätze eines der besorgniserregendsten Konflikte des Landes sind: Gewaltausbrüche gegen die zahlreichen Christen, zumeist von extremistischen islamistischen Hasspredigern geschürt.

»Ist das noch mein Land?«

Ägyptens Christen

Die schmalen Straßen, gesäumt von Dattelpalmen, sind voller Eselskarren und Traktoren, deren Anhänger mit frisch geschnittenem Zuckerrohr beladen sind. Zuckerrohr ist in der Region eines der wichtigsten Anbauprodukte. Die Umgebung von Edfu im Gouverneursbezirk von Assuan unterschiede sich kaum von anderen Orten Oberägyptens, wäre da nicht die Kirche im Dorf Al-Marinab. Wir fragen nach dem Weg. »Sagt bloß nicht ›die Kirche von Al-Marinab‹, sondern fragt einfach nach dem Dorf«, antwortet ein Bauer. Das Thema ist hochsensibel. Die Ereignisse um das Gotteshaus und vor allem ihre landesweiten Folgen wurden zu einer der schwierigsten Belastungsproben für das Verhältnis zwischen Muslimen und Christen in Ägypten.

Al-Marinab ist ein kleines Dorf mit dicht gedrängt stehenden mehrstöckigen Häusern und staubigen engen Straßen. In dem Ort stand seit 1949 ein kleines christliches Gotteshaus, das, baufällig geworden, neu errichtet werden sollte. Doch am 30. September 2011 stürmten mehrere hundert Menschen den bereits erstellten Rohbau und zerstörten ihn. Gewalttätige Übergriffe gegen Christen und ihre Gotteshäuser geschehen in Ägypten seit Jahrzehnten, wurden jedoch unter der Diktatur Mubaraks propagandistisch heruntergespielt. Dies seien Taten von einigen wenigen Extremisten oder isoliert zu betrachtende Dorfstreitigkeiten, lauteten dann die offiziellen Kommentare. Gleichzeitig wurden die darauffolgenden Auseinandersetzungen zwischen Muslimen und Christen mit enormer Polizeigewalt und mit Hilfe von Massenverhaftungen eingedämmt.

Schätzungen über die Größe der christlichen Glaubensgemeinschaft gehen weit auseinander; laut offiziellen Angaben soll sie rund zehn Prozent der Bevölkerung betragen. Die Christen selbst sprechen von 20 Prozent; dies entspräche einer Anzahl von 8 bzw. 16 Millionen Ägyptern. Die Wahrheit liegt vermutlich, wie so oft, irgendwo in der Mitte. Seit dem Sturz Mubaraks fühlen sich die Kopten, eine der ältesten christlichen Kirchen der Welt, schutzlos und stärker denn je verfolgt. Vor allem hier in Oberägypten, wo sie in einigen Dörfern die Mehrheit stellen und in einigen Städten eine »Minderheit« von über 40 Prozent. Auch Jahrhunderte nach der muslimischen Eroberung im Jahre 642 war die überwältigende Mehrheit der Bevölkerung christlich. Erst relativ spät, nämlich im 16. Jahrhundert, konvertierte der Großteil der Bevölkerung zum Islam – aber eben nicht die gesamte. Im 19. und 20. Jahrhundert traten zahlreiche Kopten zum Protestantismus über, zum Teil unter dem Einfluss angelsächsischer Missionare, aber auch um der Rigidität und dem Reformunwillen der koptischen Kirche zu entkommen. Die Zahl der Mitglieder evangelischer Glaubensgemeinschaften wird heute auf eine Million geschätzt.

Wir fahren durch Al-Marinab – von dem Rohbau der Kirche stehen nur noch ein paar Betonpfeiler. Sie sollte den Kopten aus den umliegenden kleineren Orten als Gotteshaus dienen. In dem Ort selbst leben nur knapp hundert Christen unter mehreren tausend Muslimen. Mein nubischer Fahrer und ich entscheiden uns nach den eindringlichen Warnungen der Bauern, keine Interviews in Al-Marinab zu führen. Es geht also weiter über die von mit Zuckerrohr beladenen Fahrzeugen verstopfte Straße in die nahegelegene Stadt Edfu, in der wir erneut unser Glück versuchen wollen. Von einem Café im Stadtzentrum, in dem ein Verkehrschaos herrscht, das dem der Hauptstadt Kairo ebenbürtig ist, telefonieren wir mit Vertretern der örtlichen koptischen Gemeinde. Alle entschuldigen sich höflich: Nein, man möchte mit uns über die Ereignisse in Al-Marinab nicht sprechen, das sei einfach zu heikel und wir würden das ja sicher verstehen. Weiter geht die Suche nach auskunftswilligen Kopten. Wir fahren über eine Nilbrücke und eine Straße, die sich zwischen den Felsen des Flusstals und grünen Feldern schlängelt, nach Kom Ombo. Mein nubischer Fahrer, der in der Umgebung des Ortes lebt, glaubt hier gute Kontakte zu haben.

Die koptische Gemeinschaft ist so alt, dass sie in ihren Anfangsjahren den berühmten pharaonischen Tempel der Stadt zu einer Kirche umfunktionierte. Kom Ombo war bis zum frühen Mittelalter ein wichtiges Bistum der römisch-katholischen Kirche, das bis heute als Titularbistum weiter existiert. Von 1958 bis 1962 war Karol Wojtyła, der spätere Papst Johannes Paul II., Titularbischof. Im Zentrum des Ortes sind unweit voneinander entfernt das Minarett einer größeren Moschee und der Turm einer stattlichen Kirche zu sehen. Gegenüber der Kirche liegt die *Manara*, das Gemeindezentrum. Zufälligerweise sind ein paar honorige Vertreter des Gemeinderates anwesend, allesamt klassisch schick in westliche Anzüge gekleidet. Höflich laden sie mich auf ein Getränk ein. Sie scheinen gesprächig. Auch ihre Kirche sei von einem wütenden Mob angegriffen worden. Das Gerücht sei umgegangen, eine junge Frau, die von ihrer Familie als vermisst gemeldet worden war, würde in der Kirche festgehalten und zwangskonvertiert. Solche Gerüchte existieren übrigens auch im umgekehrten Fall – junge Christinnen, die von Muslimen entführt und konvertiert wurden. Die Kopten in Kom Ombo reagierten prompt auf die Vorwürfe und luden die Muslime ein, die Kirche zu durchsuchen. Auch die Familie der vermeintlich Entführten erklärte, dass sie gar nicht behauptet habe, dass die junge Muslimin in den »Händen der Christen« sei. Trotzdem beschädigten Hunderte von Jugendlichen über Tage hinweg die Kirche und bewarfen ins Gemeindezentrum geflüchtete Mitglieder mit Steinen und Molotowcocktails. Erst das Eingreifen einer Polizeieinheit der Staatssicherheit konnte Schlimmeres verhindern. »Da haben wir echt noch einmal Glück gehabt, die hätten auch einfach nicht kommen können«, sagt Pierre, der sich wie viele Kopten lieber mit der französischen Übersetzung seines Namens statt mit dem arabischen Original *Boutros* ansprechen lässt. Auf die Frage, wer hinter dem Angriff steckte, beginnt die Herrengesellschaft herumzudrucksen. »Das weiß man nicht so genau, irgendwelche Radikale. Aber eine präzise Idee haben wir nicht«, sagt ein Mann namens Eduard. Die Kopten wollen vermutlich den Konflikt nicht weiter eskalieren lassen, indem sie konkret die muslimischen Extremisten benennen, die hinter den Angriffen stecken. Stattdessen lenken sie das Gespräch auf ein generelleres, aber nicht weniger provokantes Thema, über das man zumeist nur hinter vorgehaltener Hand spricht: die Rückständigkeit des Islam. Ob die Muslime in Europa denn keine Bedrohung für die Demokratie seien und ob sie sich nicht so stark vermehren würden, dass sie bald zahlreicher als die Christen seien? Ich versuche zu erklären, dass in Deutschland oder in Frankreich nicht der Islam an sich, sondern mangelnde Integration der Muslime das Hauptproblem ist und dass es nur eine sehr kleine radikale muslimische Minderheit gibt. Diese Ansicht findet bei meinen Gesprächspartnern nicht wirklich Gehör. Nicht nur die Muslime, sondern auch die Christen werden in dem polarisierten Land am Nil immer extremer. Ein bekanntes Lieblingsargument radikaler Kopten ist es, dass das Wort »Kopte« aus dem Altgriechischen stamme und Ägypter bedeute. Somit sei bewiesen, dass Kopten pharaonischer Abstammung und die einzig wahren Ägypter seien. Die Muslime hingegen seien Invasoren aus Arabien, die das christliche Ägypten erobert und zerstört hätten. Bei dieser Argumentation vergessen die Kopten zumeist, dass sich die Christen in Ägypten den arabischen Eroberern nicht widersetzten, da sie und ihre Kirche von den damals byzantinischen und somit ebenfalls christlichen Herrschern brutal unterdrückt worden waren. Auch zwangen die arabischen Eroberer niemanden zum Übertritt zum Islam. Die Ägypter konvertierten in einem jahrhundertelangen Prozess freiwillig – zunächst da sie als Muslime weniger Steuern zahlen mussten und später weil die islamisch-arabische Kultur Ägypten zu dominieren begann und zur Leitkultur wurde.

Die Gruppe der Männer in dem weißgetünchten Raum des Gemeindezentrums von Kom Ombo verspricht, mich am nächsten Tag in ein gemischt christlich-muslimisches Dorf zu begleiten. Sie wollen mir das Alltagsleben christlicher Bauern, die aufgrund ihrer Isolation in den Dörfern ohne Polizeipräsenz am verwundbarsten sind, zeigen. Als ich am nächsten Tag zum vereinbarten Zeitpunkt anrufe, erreiche ich jedoch keinen der Gemeindevertreter. Ich fahre zum Gemeindezentrum. Dort wird mir diplomatisch zu verstehen gegeben, dass meine Gesprächspartner unerwartete Termine hätten. Einer der Männer vom Vortag, ein Ingenieur, schaut kurz vorbei, um die Form zu wahren, wie es in Ägypten üblich ist, und erklärt, dass mein Anruf ihn nicht erreicht hätte. Jetzt habe er allerdings ein wichtiges Kundengespräch. Die Botschaft ist klar: Die Männer haben sich beraten und fürchten, ihre heikle Lage allein durch meine Präsenz noch zu verschlimmern.

Zurück nach Assuan. Hier berichtet mir ein paar Stunden später ein Freund, dass bereits die Anwesenheit eines Journalisten aus Kairo vor wenigen Wochen zu weiteren gewaltsamen Ausschreitungen in Kom Ombo geführt habe. »Die Christen hier haben alle Angst – das ist nicht mehr mein Ägypten«, sagt der junge Unternehmer an der verlassenen Poolbar eines Luxushotels in Assuan. Er ist selbst Christ und möchte namentlich nicht erwähnt werden. »Ich frage mich, ob ich hier überhaupt noch leben kann. Selbst alte muslimische Bekannte nennen mich inzwischen ›Ausländer‹.« Der elegante, glatt rasierte junge Mann im Poloshirt besitzt mehrere Unternehmen in der Tourismusbranche. Ein Großteil der ägyptischen Wirtschaftselite ist koptisch, darunter etwa die Multimilliardäre Sawiris. Mein Freund, der Jungunternehmer, hat sich bereits in Marokko als einem möglichen Exilort nach neuen Projekten umgeschaut. Er möchte in der arabischen Welt bleiben, allerdings in einem toleranten Land.

Die meisten wohlhabenden Kopten sind sich einig: Sie möchten einen weltlichen, säkularen und modernen Staat, am besten demokratisch. Doch auch mit einer Militärdiktatur könnten viele Christen leben – »Besser die Uniformierten als die Bärtigen«, resümiert eine koptische Freundin aus Kairo die Position. All dies stachelt bei den muslimischen Extremisten den Hass auf die Kopten zusätzlich an, vor allem in Oberägypten, wo ich die alltäglichen Probleme der Christen zu begreifen versuche – Probleme, die zu oft vertuscht werden.

Nach den vergeblichen Versuchen, in Al-Marinab, Edfu und Kom Ombo mit Kopten ins Gespräch zu kommen, überlege ich aufzugeben. Schließlich vermittelt mir die Kairoer Freundin den Kontakt zu einem koptischen Aktivisten und Journalisten in Sohag, einer vierhundert Kilometer nördlich von Assuan gelegenen Stadt, ebenfalls am Nil. Abul Ezz Tawfik ist am Telefon äußerst misstrauisch. Von wem ich denn seine Handynummer erhalten hätte, fragt er vorsichtig. Nein, am Telefon könne er mir jetzt nicht viel sagen. Ich solle ihn lieber persönlich treffen.

Einen Tag später sitzen wir in einem am Nil gelegenen Gartencafé seiner Heimatstadt. Sohag ist eine unerwartet moderne Stadt. Der Ort war bis Anfang des 20. Jahrhunderts ein Dorf – erst 1960 wurde Sohag zur Provinzhauptstadt. Heute leben hier über 200 000 Menschen. Erstaunlich viele unverschleierte Frauen in westlicher Kleidung sind auf den breiten Straßen zu sehen. Der Anteil der Christen in Sohag liegt laut meinem Gesprächspartner bei ca. 40 Prozent. Abul Ezz, der an der örtlichen Universität Medienwissenschaften studiert hat, gibt sich bei unserem Treffen modern und aufgeschlossen. Er bringt einen muslimischen Freund mit, um zu zeigen, dass es immer noch viele Ägypter gibt, die gegenüber anderen Religionen tolerant sind. Die Unterhaltung dreht sich um allgemeine politische Fragen des Landes. Beide Männer fordern einen zivilen Staat; unter dem Begriff »zivil« ist in Ägypten ein weltlicher Staat gemeint – nur möchte dies in dem sehr religiösen Land kaum jemand so formulieren. Mit seinem Freund Oumda fahren wir aufs Land. Eigentlich ist Oumda das ägyptische Wort für *Dorfvorsteher*. Vater und Großvater des Dreißigjährigen waren tatsächlich Dorfvorsteher, ihm ist der Begriff lediglich als Spitzname geblieben. Während der Fahrt entlang an Bewässerungskanälen, Weizenfeldern, Obstgärten und Dattelpalmen erzählt Abul Ezz voller Stolz von zwei Klöstern in der Gegend von Sohag, die seit dem 4. Jahrhundert bestehen. Er betont, dass in Ägypten die ersten christlichen Klöster überhaupt gegründet wurden und das Land somit den Ursprung der Kloster- und Ordenskultur bilde. Wir biegen von der Straße am Kanal in Richtung der libyschen Wüste ab. Kurz darauf erleben wir eine angenehme Überraschung in einem Land, in dem man abseits der gepflegten Touristenrouten oder menschenleeren Wüstengegenden zu oft nur Armut, Dreck und Elend zu sehen bekommt: ein hübsches Dorf aus braunen Lehmziegeln, umringt von grünen Feldern, vor den Felsen der libyschen Wüste. Fellachen in ihren langen Gallabiyas und Frauen mit weiten Schleiern, die nur lose ihre Haare bedecken, bearbeiten die Felder. Hier lässt sich nicht unterscheiden, wer Muslim oder Christ ist. Im Dorf selbst ist dies anders; etwa die Hälfte der Häuser ist mit dem koptischen Kreuz an den Fassaden oder Türen bemalt. Manchmal ist das Zeichen auch durch Ziegel, die sich farblich vom Rest des Mauerwerks abheben, in die Außenwände gemauert. Das Symbol wird auch »Jerusalemkreuz« genannt und ist vermutlich eine Abwandlung des pharaonischen Schlüssels des Lebens, des *Anch*. Im Dorf Araba Abu Aziz leben Muslime und Christen seit Jahrhunderten Seite an Seite, Haus an Haus.

Wir klopfen an eine der Türen mit einem aufgemalten Kreuz. Karim, ein älterer Herr im traditionellen Gewand, öffnet und führt uns in einen ummauerten Vorhof mit Hibiskussträuchern und Obstbäumen. Ob wir hier oder in der Wohnküche sitzen wollen? In der Wohnküche, im Freien sei es zu heiß, antworten wir. An den Wänden hängen ägyptische Ikonen und Bilder von Tawadros II., dem Patriarchen von Alexandria und Papst der koptischen Kirche. Karim schält mit dem Messer Orangen und viertelt sie. Endlich, denke ich, kann ich einmal über die Alltagsprobleme von Christen auf dem Land reden. Doch ich habe mich zu früh gefreut. Karim antwortet mit den von den Staatsmedien schon seit Jahrzehnten vorgestanzten und propagierten Floskeln: »Gott sei Dank, wir sind alle Brüder hier im Dorf, Kopten und Muslime. Wir sind alle Kinder des Nils, wir beschützen uns gegenseitig.«

Karim hat jahrelang als Buchhalter in einer staatlichen Firma und auch schon in Saudi-Arabien gearbeitet. Trotzdem bestellt er wie seine Vorfahren gemeinsam mit Muslimen die Felder. Spannungen im Dorf hätten nie etwas mit Religion zu tun, versichert er, sondern wie so oft unter Bauern streite man sich um Land und Wasser. Zum Beweis, wie gut das Verhältnis ist, lädt er uns zu der Hochzeitsfeier eines Verwandten ein. Hier würden christliche und muslimische Nachbarn gemeinsam feiern.

Die bis auf das kleinste Detail ritualisierte Liturgie der Trauung dauert endlos. Der vollbärtige Priester mit eindrucksvollem schwarzem Gewand und schwarzer bestickter Kopfbedeckung spricht Koptisch, ein Überbleibsel der pharaonischen Sprache, die nur noch die Geistlichen beherrschen. Männer und Frauen sitzen, wie bei allen koptischen Gottesdiensten, strikt getrennt voneinander. Das Brautpaar hält sich an der rechten Hand, als Zeichen dafür, dass sie nach der Vermählung wirklich eins sind, und das für immer. Die konservative koptische Kirche verbietet im Gegensatz zum Islam die Scheidung. Muslime sind während der Andacht kaum anwesend.

Das anschließende Fest findet in einer mit bunten Girlanden, Lampions und Wandbehängen geschmückten Gasse des Dorfes statt. Auf der Bühne ein DJ, der von arabischem Pop bis hin zu traditioneller Volksmusik alles auflegt. Frauen sitzen vor dem Podest auf Stühlen, die jungen Männer tanzen unter sich – zwei Teenager führen einen traditionellen Tanz mit langen gezogenen Messern auf. Jetzt, beim Fest, mischen sich muslimische und christliche Nachbarschaft. Der koptische Brautvater, der die Veranstaltung ausrichtet, bietet keinen

Der christliche Bauer Karim vor Ikonen und Bildern des koptischen Papstes in seinem Haus in Oberägypten

Alkohol an. Ob aus Rücksicht auf seine muslimischen Gäste oder aus Geldmangel, sei dahingestellt. Alkohol ist aufgrund hoher Steuern in Ägypten sehr teuer. Dafür versorgt der Gastgeber die Anwesenden pausenlos mit Zigaretten und klebriger Limonade.

Der Priester ist in seiner Kirche geblieben und nimmt am Fest nicht teil. Ihn spricht man mit *Abouja* an, was *mein Vater* bedeutet und das Minimum an Respekt darstellt, den man einem koptischen Priester als Anrede zollen muss. Sein politischer Diskurs lässt sich an Absurdität nicht überbieten. Der islamistische Präsident Mursi sei der beste Präsident gewesen, den Ägypten jemals gehabt habe, und den Christen sehr wohlgesinnt, erklärt er mir. In Wirklichkeit hatte der Muslimbruder es nicht einmal für notwendig gehalten, nach regelmäßigen gewaltsamen Ausschreitungen gegen Kopten Kirchenvertreter zu besuchen. Auch den Aussagen eines ihm nahestehenden muslimischen Predigers, man solle Christen nicht zu wichtigen Feiertagen, wie etwa dem orthodoxen Osterfest, gratulieren, hatte er nicht widersprochen.

»Die haben alle riesige Angst. Angst vor Gewalt und Terror – auch unsere Priester«, sagt der Aktivist Abul Ezz, als wir uns am nächsten Tag länger alleine im Café am Nil unterhalten können. Endlich höre ich einmal klare Worte: »Wenn es in den Dörfern zum Streit zwischen Christen und Muslimen kommt, dann erscheint da so schnell keine Polizei.« Und wenn ein Konflikt wirklich eskaliere, seien die Christen auf sich allein gestellt und fast immer in der Minderheit. Natürlich würden sich die Kopten auch verteidigen – fast alle Bauern seien bewaffnet. Doch oftmals würden sie unterliegen, teilweise vertrieben oder, falls die Sicherheitskräfte eingreifen oder es zu traditionellen Schlichtungsgesprächen mit Imamen, Priestern und Dorfältesten kommt, härter bestraft als die muslimische Mehrheit, mit der es sich die Staatsorgane nicht verscherzen wollen. Außerdem könne jeder Konflikt jahrzehntelange Fehden auslösen, unter denen die betroffenen Familien extrem zu leiden hätten.

Abul Ezz erzählt mir seine Geschichte der Kopten und ihrer politischen Instrumentalisierung. Das goldene Zeitalter für die Kopten sei die Regierung der ursprünglich aus Albanien stammenden Muhammad-Ali-Dynastie im 19. Jahrhundert gewesen. 1840 erhielten sie in Ägypten die gleichen Rechte wie die Muslime. Sie wurden nicht mehr als beschützte Minderheit behandelt, die den Muslimen unterstand und die *Jizza*, eine Art Schutzsteuer, bezahlen, aber dafür keinen Militärdienst leisten musste. Bis zur ersten Hälfte des 20. Jahrhunderts waren die Kopten dann in alle politischen Prozesse eingebunden und stellten sogar zweimal Ägyptens Premierminister. Auch im Unabhängigkeitskampf gegen das britische Protektorat nach dem Ersten Weltkrieg waren die Kopten äußerst aktiv. Die wirklichen Probleme der Religionsgemeinschaft wie auch anderer Minderheiten begannen laut Abul Ezz im Jahre 1952 mit dem Militärputsch unter Gamal Abdel Nasser und seinem Komitee der »Freien Offiziere«. Die panarabische Ideologie ließ keinen Platz für eine koptisch-ägyptische Identität, und Nassers arabischer Sozialismus schadete der Religionsgemeinschaft vor allem wirtschaftlich. Viel Land und Industrie der mächtigen koptischen Wirtschaftselite wurde verstaatlicht. Unter Anwar as-Sadat wurde schließlich alles noch schlimmer. Um neue politische Unterstützung und eine weitere politische Basis für seinen Kurs gegen ehemalige Nasseristen zu bekommen, entließ er Hunderte Führer der Muslimbrüder sowie radikale Islamisten aus den Gefängnissen und tolerierte extremistische Prediger, die zum Hass gegen die Christen aufriefen. In der Folge kam es häufig zu gewaltsamen Zusammenstößen zwischen den Religionsgruppen. Im Juni 1981 wurden im Kairoer Arbeiterviertel *Zawiya al-Hamra* 81 Kopten getötet, über hundert Menschen schwer verletzt sowie zahlreiche koptische Häuser zerstört. Sadat selbst unterstellte den Christen, Teil einer internationalen Konspiration zu sein, die Ägypten teilen wolle, um einen unabhängigen christlichen Staat in Oberägypten mit der Hauptstadt Asyut zu schaffen. Mit solchen Behauptungen heizte er die antikoptische Stimmung weiter an. Nachdem im Oktober 1981 Sadat selbst von extremistischen Islamisten ermordet worden war, übernahm Husni Mubarak die Macht. Zwar sagte der ehemalige Armeepilot den radikalsten Islamisten den Kampf an, doch gleichzeitig tolerierte er Hassreden von Predigern und Politikern. »Der hat uns Kopten benutzt«, sagt Abul. »Indem er antikoptischen Ressentiments relativ freien Lauf ließ, konnte er sich besser als unser Beschützer aufspielen und so verhindern, dass sich das Land demokratisierte. Damit wir ihn unterstützen, hat er immer wieder die Angst vor dem Islamismus geschürt, und wir sind darauf reingefallen.«

Abul Ezz war vom ersten Tag des Aufstandes gegen Mubarak mit dabei – auch die Wahl des Muslimbruders Mursi hatte er anfänglich begrüßt. Doch als deutlich wurde, dass er in erster Linie der Präsident der Muslimbrüder und anderer islamistischer Gruppen wie der Salafisten war und so gut wie nichts unternahm, um die religiösen Spannungen wirklich zu mindern, hat sich der Journalist aus Sohag von ihm abgewandt. Auch bei der *Tamarod*-Rebellion für einen Rücktritt Mursis war er von Anfang an dabei. Über den Sturz der Muslimbrüder freue er sich über alle Maßen, sagte er mir wenige Wochen nach meinem Besuch in einem Telefonat. Und das, obwohl es seitdem fast täglich zu Racheakten von extremistischen Islamisten gekommen ist, die die Christen für ihre Unterstützung beim Sturz des Präsidenten Mursi bestrafen wollen. Fast 40 Kirchen und Klöster sind seit der Entmachtung des Präsidenten zerstört worden.

»Es geht erst einmal schlechter – aber dann wird es irgendwann bestimmt viel besser in unserem Land«, hatte er bereits im April 2013, drei Monate vor dem Umsturz, in Sohag gesagt. Damals betonte der Aktivist, dass sich an der angespannten Lage nur etwas ändern würde, wenn die strukturelle Diskriminierung von Christen endlich aufhöre. Es hätte immer schon ein paar wenige christliche Minister gegeben, aber eben nicht in wichtigen Ressorts. Es gebe so gut wie keine koptischen Provinzgouverneure, Christen seien in Armee- und Polizeiführung nicht vertreten und würden generell wie Staatsbürger zweiter Klasse behandelt und der Bau von Kirchen durch administrative Schikanen und die Verwehrung von Baugenehmigungen weiterhin verhindert. Abul Ezz warnt, die Spannungen nähmen zu, man säße auf einem Pulverfass. Auch einige Kopten würden sich radikalisieren, selbst unter den zahlreichen ägyptischen Christen, die ausgewandert sind. Welche Folgen das haben kann, hätte man etwa an dem beleidigenden Mohammed-Video sehen können, welches ein Kopte in Kalifornien produziert und das im September 2012 zu Ausschreitungen in der gesamten arabischen Welt geführt hatte. Allein in den USA leben über eine Million Kopten.

Er spricht die Ereignisse in Al-Marinab an, dem Ausgangspunkt meiner Reise auf der Suche nach gesprächsbereiten Kopten in Oberägypten zum Zeitpunkt der Zuckerrohrernte. Die Zerstörung der Kirche hätte katastrophale Folgen nach sich gezogen und ganz Ägypten erschüttert. Öl ins Feuer gegossen hatten vor allem die Worte des Provinzgouverneurs von Assuan. Der bereits unter Mubarak ernannte ehemalige Militär gab den ägyptischen Christen praktisch selbst die Schuld an den Ereignissen. Er erklärte, die Kirche sei eigentlich kein Gottes-, sondern lediglich ein Gästehaus gewesen. Der Neubau einer Kirche sei somit widerrechtlich und der Rohbau außerdem viereinhalb Meter höher, als die Bauvorschriften es zuließen. Fakt ist, dass die Kopten mit einem Dokument aus dem Jahre 1949 nachweisen konnten, dass der Bau schon damals eine Kirche war. Außerdem hatten sie mit Rücksicht auf ihre muslimischen Nachbarn eingewilligt, keine Glocken oder Kreuze an der Fassade anzubringen, geschweige denn einen Turm zu bauen. Allerdings hatten die Kopten in der Tat die Kuppel des Gebäudes etwa vier Meter höher als erlaubt gebaut – aber wer hält sich in Ägypten schon an Bauvorschriften? Der Gouverneur gab daraufhin in Medieninterviews den Muslimen des Ortes de facto recht, die die Sache selbst in die Hand genommen und das Gebäude zerstört hatten. Christen im ganzen Land waren erzürnt. Vor dem Gebäude des Staatsrundfunks im Kairoer Stadtteil *Maspi-*

ro organsierten sie ein Sit-in und friedliche Demonstrationen. Diese wurden von dem damals regierenden Militärrat auf äußerst brutale Weise aufgelöst; 24 Menschen starben und über 200 wurden verletzt.

»Egal, wer in Ägypten regiert, wenn es nicht endlich eine wirkliche Verständigungspolitik und gegenseitige Toleranz gibt und wenn die Christen weiterhin als politische Spielbälle benutzt werden, dann wird der Kreislauf der Gewalt nie aufhören. Dazu reicht ein Funke oder ein Gerücht in einem noch so kleinen oberägyptischen Dorf«, resümiert Abul Ezz.

Heute Abend müsse er schnell schauen, was passiert sei, und wieder Nachrichten nach Amerika bloggen. Die Diaspora solle ja über die neuesten Ereignisse informiert werden, damit sie Ägyptens Christen weiter aktiv unterstützte, erzählte Ezz, als er mich Ende Juni 2013 zum Nachtzug nach Kairo begleitete.

Nachtzug

Epilog

Al-hispani, der Spanische, so wird dieser ehemalige Luxuszug
der staatlichen ägyptischen Eisenbahn genannt. Er wurde in
den achtziger Jahren in Betrieb genommen und legt 893 Kilometer zwischen dem oberägyptischen Assuan, der letzten Station vor der sudanesischen Grenze, und Kairo in zwölf Stunden zurück, zumindest theoretisch. Noch heute sind vergilbte
Bilder pharaonischer Sehenswürdigkeiten wie die Pyramiden,
das Tal der Könige oder der Tempel der Hatschepsut an den
Wänden des Großraumwagens der ersten Klasse zu sehen. Die
eigentlich komfortablen Sitze erinnern an die Businessklasse
einer internationalen Fluglinie, doch sind sie hier komplett
zerschlissen und voller Flecken. Die Klimaanlage funktioniert
von Waggon zu Waggon sehr unterschiedlich, die Temperatur
wechselt von Eiseskälte bis hin zu brütender Hitze. Die Video-
monitore an den Decken sind bereits seit mehreren Jahren
außer Betrieb. Die ausgewaschenen, ehemals dunkelblauen
Uniformen der Schaffner haben auch schon einmal bessere
Tage gesehen, und das Loch im Boden der Küche des Speise-

wagens stört weder das Bordpersonal noch die Gäste, die dort auf dem Boden sitzend Tee trinken.

Der Blick aus dem Fenster Anfang Sommer 2013 dagegen ist spektakulär: grüne Palmenhaine und Felder bei untergehender Sonne, die mit dem Sandstein der Felsen und dem Blau des Wasser des hier sehr schmalen Niltals ein phantastisches Bild ergeben. Die Aussicht wäre vermutlich noch besser, hätten die Fenster nicht unzählige Steinschlagschäden. Selbst in der ersten Klasse des Nachtzuges auf einem der ältesten Schienennetze der Welt – es wurde bereits Mitte des 19. Jahrhunderts von dem Eisenbahnpionier George Stephenson gebaut – kann man der ägyptischen Wirklichkeit nicht entkommen. Mit »Wirklichkeit« ist nicht der desolate Zustand des ehemaligen Luxuszuges gemeint. Die überfüllten »normalen« Züge der zweiten und dritten Klasse sind lediglich mit Holzpritschen ausgestattet und haben meist nicht einmal mehr funktionierendes Licht in den Wagen. Zumindest sind die Fenster nicht mehr mit Eisengittern zugeschweißt, seitdem bei einem Unglück im Jahr 2002 über 370 Menschen verbrannten, weil sie in den Waggons eingesperrt waren. Das Risiko bei Bahnfahrten ist hoch; in den letzten zehn Jahren starben vermutlich weit über 1000 Menschen durch Zugunglücke. Doch auch dies ist nicht mit »Wirklichkeit, der man nicht entkommen kann« gemeint, sondern die soziale Realität Ägyptens. Die Waggons der ersten Klasse dieses Nachtzuges nach Kairo sind einer der wenigen Orte des Landes, an denen ganz unterschiedliche gesellschaftliche Welten aufeinandertreffen und überdies miteinander kommunizieren. Schwarz gekleidete Bettlerinnen laufen mit Säuglingen im Arm durch die Wagen. Jungen im

Alter von ungefähr sieben oder acht Jahren hasten bei jedem Halt durch die Abteile, um den Fahrgästen getrocknete Melonen- und Kürbiskerne, Taschentücher und diverse Süßigkeiten anzubieten. Sie starten zumeist am Anfang des Zuges direkt hinter der Lokomotive und springen dann nach dem Anfahren aus dem letzten Wagen wieder auf den Bahnsteig. Andere junge Männer hasten durch die Waggons und nehmen an den Fenstern Bestellungen für Zigaretten und Früchte auf, rennen zu den Händlern an den Bahnsteigen, liefern ihre Ware an die Passagiere und springen dann ebenfalls wieder aus dem Zug. Das Geschäftstreiben stört die Schaffner kaum: »Das sind arme Leute, und die müssen halt auch irgendwie ihr Geld verdienen.«

In meinem Wagen sitzen drei ägyptische Familien aus der Mittelschicht und zwei ältere sudanesische Frauen, begleitet von einer jüngeren Dame, die den traditionellen *tob*, das Nationalgewand, bestehend aus einer um den Körper drapierten Stoffbahn, trägt. Sie sind bereits mehrere Tage unterwegs; mit dem Bus aus Sudans Hauptstadt Khartoum in die Grenzstadt Wadi Halfa und von dort aus mit dem Boot über den Stausee nach Abu Simbel, um dann mit einem Sammeltaxi zum Bahnhof nach Assuan zu gelangen. Die keusche schwarze Verhüllung der Damen täuscht, sie sind auch gegenüber Männern äußerst kontaktfreudig und redselig. Die junge Dame ist voller Vorfreude auf Kairo. Dort sei es viel besser als im konservativen Khartoum. In der liberalen ägyptischen Hauptstadt könne man tun, was man wolle – ob ich diesen oder jenen Nachtklub kennen würde.

Mehrere Offiziersanwärter in blütenweißen Uniformen der

Der ehemals luxuriöse Nachtzug Assuan – Kairo

ägyptischen Armee und der Marine befinden sich ebenfalls im Waggon. Sie schlichten als Respektspersonen den Streit zweier Passagiere um einen Sitzplatz. Am repräsentativsten für die ägyptische Gesellschaft, wenn man von der Abwesenheit von Frauen hier absieht, sind die Passagiere in den Verbindungsabteilen. Hier, vor den Toiletten, darf quasi jeder mitfahren, auch ohne Fahrkarte, solange dem Schaffner ein angemessenes *Bakschisch*, ein Trinkgeld, bezahlt wird. Ein alter, mit einer eleganten himmelblauen *Dschallabija* und einem weißen Turban gekleideter Fellache sitzt auf dem Boden. Ein 14-jähriger Junge mit Krücken und ärmlicher Kleidung, der sichtbar Schmerzen hat, lehnt an der grauen Wand. Dieser Eingangsbereich des Waggons dient vor allem als Raucherzone. Zwei Mittzwanziger bieten sich gegenseitig, wie es in Ägypten die Höflichkeit verlangt, Zigaretten an. Der eine ist glatt rasiert, trägt T-Shirt und Jeans, der andere einen schicken, wenn auch zerknitterten braunen Cordanzug sowie einen Drei-Tage-Bart mit mittellangen Koteletten. Die beiden Männer diskutieren bereits seit über einer Stunde angeregt und wollen offensichtlich weiterreden. Zumindest deutet der Versuch eines der Männer, den Schaffner zu überzeugen, dem Jungen auf den Krücken, der sich kaum noch auf den Beinen halten kann, seinen eigenen Sitzplatz in der ersten Klasse zu überlassen, darauf hin. Nach kurzer Debatte gelingt dies auch. Der Angestellte der ägyptischen Staatseisenbahn fühlt sich in seiner Ehre verletzt, als man ihm für seine Flexibilität ein Trinkgeld anbietet. Er sei schließlich bei der Armee gewesen und hätte viele kriegsversehrte Kameraden gehabt. Für Solidarität dürfe man kein Geld verlangen.

Nachdem der verletzte Junge zum Sitzplatz geleitet worden ist, geht die hitzige Diskussion im Verbindungsabteil weiter. Das Thema, wie sollte es auch damals anders sein: ägyptische Politik. Wie sich in nur wenigen Wochen herausstellte, war es eine sehr vorausschauende Konversation. Karim, der Mann mit dem fast kahl geschorenen Kopf, erklärt, er wolle jetzt auswandern. Die Stabilität unter Mubarak hätte ihm Aussicht auf eine lebenswerte Zukunft gegeben, anfänglich hätte auch ihm die Revolution im Jahre 2011 Hoffnung gemacht, jetzt aber regiere die Unsicherheit. Karim ist Reiseführer in Luxor und Assuan, dort, wo im Moment kaum noch Urlauber hinfahren. Nun habe er kein wirkliches Leben mehr, sagt er. Er wisse nicht, wie er seine Familie ernähren soll, und müsse jetzt sein Auto verkaufen. Zwar kämen noch Touristen ans Rote Meer, diese seien aber vor allem Osteuropäer, allen voran Russen, die für ihre Pauschalreise von einer oder zwei Wochen so viel bezahlen wie für zwei Hotelübernachtungen in Europa. Außerdem würden die niemals ihre Hotel-Ghettos verlassen. Bis Ägypten wieder die Zahl von fast 15 Millionen Touristen erreicht, die das Land unter dem Mubarakregime jährlich bereisten, würden vermutlich 10 bis 15 Jahre vergehen. Mehr als ein Drittel der Touristen blieben jetzt weg. Mahmoud, der ihm gegenübersitzt, hört gebannt zu. Viele Jahre hatte er sich kaum für Politik interessiert, und auch die Revolution hatte daran zunächst wenig geändert. Doch die Wirtschaftskrise als Folge der politischen Dauerkrise macht auch dem kleinen Familienunternehmen, das Keramik herstellt, schwer zu schaffen; sie hat den Juniorchef wachgerüttelt. Er fürchtet jedoch, dass von dem wieder erschallenden Revolutionsslogan »Brot,

Freiheit und soziale Gerechtigkeit« bald nur noch die Forderung nach Brot bliebe, gemeinsam mit dem Schrei nach Sicherheit und Ordnung, was Ägypten wiederum direkt zurück in die Diktatur führen würde.

In der Diskussion wurden faktisch fast alle Probleme des Landes aufgeführt. Von der allgemeinen Wirtschaftslage über die schwindenden Devisen und Reserven, von der Inflation und mangelndem Wachstum bis hin zur Sicherheitslage. Eine der Hauptsorgen sind jedoch vor allem die religiösen, ethnischen und sozialen Spannungen und Konflikte, die dem Staat zu entgleiten drohen. Übergriffe gegen Christen und die kleine schiitische Minderheit sowie die Diskriminierung der Beduinen im Sinai, die die dortigen Islamisten stärke, seien Probleme, die nur schwer zu bewältigen seien. Insbesondere die gewalttätigen Konfrontationen zwischen dem weltlichen und dem islamistischen Lager müssten laut den beiden Männern schnellstens beendet werden.

Die Ägypter seien keine gewalttätigen Extremisten, aber radikale Salafisten sowie Vertreter des alten Regimes würden die Gewalt anstacheln, um von Instabilität und Chaos zu profitieren. »Die einzige Institution, die in Ägypten noch funktioniert, ist die Armee. Wenn die zusammenbricht, weil sie sich übernimmt und wieder zu massiv in die Politik eingreift, dann kommt es zum echten Staatszerfall«, sagt Karim. Alle der mittlerweile sechs Anwesenden pflichten ihm bei. Ich werde gefragt, warum ich nichts sage, ob ich mich denn nicht für Politik interessiere. Als ich antworte, ich sei Politikwissenschaftler, doch wolle gerade vor allem zuhören, herrscht eine Sekunde betretenes Schweigen, dann folgt schallendes

Gelächter. »Das ist aber geschickt«, sagt Karim, »schreib ruhig alles auf. Wir dachten, du interessierst dich gar nicht für unsere Belange.«

Mahmoud, der Unternehmersohn, betont, er sei ein großer Freund der Muslimbrüder, aber die hätten einfach ein wenig mehr Zeit und die Hilfe der anderen Parteien gebraucht. Der auf dem Boden sitzende Fellache stimmt ein wenig schüchtern zu: Ja, Mursi und die anderen Brüder seien keine schlechten Menschen. Sie seien gläubig und hätten ihr Bestes getan, aber in einer zu schwierigen Lage, deren keine Partei alleine Herr werden könne.

Ein gerade eingestiegener junger Mann hört uns zu. Sein Aussehen ist in Ägypten mittlerweile schon fast ein Klischee. Der Mann sieht aus wie ein typischer intellektualisierter Revolutionär: eine etwas altmodische Designerbrille und ein Amulett an einem Lederbändchen um den Hals. Mansour ist frisch examinierter Arzt und wird von den anderen respektvoll mit »Doktor« angeredet. Er ist seit langem Mitglied der *Bewegung des 6. April*, eine der treibenden Protestbewegungen während der ersten Demonstrationen gegen das Mubarakregime. »Nein, die Muslimbrüder haben unsere Revolution gestohlen und nichts Gutes gebracht.« Aber dies würde ihn nicht entmutigen. Das Volk müsse sich einfach weiterhin mobilisieren. Das Land möge im Moment in einer Spirale aus Wirtschaftskrise und Gewalt gefangen sein, aber vor allem die Jugend habe bereits eines erreicht: Sie habe die Würde, den eigenen Respekt und den Stolz der Ägypter wiederhergestellt und allein dafür hätte sich die Revolution schon gelohnt. Schwer zu sagen, ob der junge Arzt schon etwas von der *Tamarod*-Kampagne wusste oder deren Erfolg ahnte. Ein Erfolg, der schließlich zum Sturz der Muslimbrüder führte. Auf jeden Fall hatte sich das Volk erneut mobilisiert.

Immer wieder wird die Diskussion durch einen Kellner in einer bordeauxfarbenen Uniform und mit gummiertem Haar, der Tee in Wassergläsern bringt, unterbrochen. Ein sogenannter *Fulul*, ein Anhänger des alten Regimes, mischt sich in die Unterhaltung – ein übergewichtiger Mann in einem geschmacklosen dunklen Nylonanzug ohne Krawatte, dafür mit dicker Goldkette im Ausschnitt seines Hemdes. Das ganze Gejammer nutze eh nichts. Ägypten brauche wieder einen starken Mann, lässt er uns wissen. Unter Mubarak sei wirklich alles besser gewesen, insbesondere für seine Geschäfte. Wenn da etwas schiefgegangen sei, wusste man immerhin, welchen Polizeioffizier oder Funktionär der damals regierenden Nationaldemokratischen Partei man bestechen konnte. Welche Art von Geschäften der Mann macht, fragt hier keiner. Laut dem »Geschäftsmann« sei eine amerikanisch-zionistische Politik Schuld an der schlimmen Lage Ägyptens – man wolle das Land ruinieren, damit es nicht wieder zur regionalen Großmacht wird. Außerdem solle man nicht vor Ausländern, wie er mich bezeichnet, schlecht über seine Heimat reden. Die anderen Gesprächsteilnehmer versuchen, die unangenehme Gestalt etwas zu besänftigen und ihr das neue, sich so schnell wandelnde Ägypten zu erklären. Als das nicht funktioniert, wird der Mann weitgehend ignoriert. Eine Diskussion mit solchen Profiteuren des alten Regimes lohne sich nur bedingt, heißt es, als der Mann nach einer weiteren qualvollen halben Stunde ausgestiegen war.

Was aus der Diskussion heraussticht, ist die scharfe Kritik an den Eliten. Liberale, Weltliche, Muslimbrüder, Salafisten, Mubarak-Anhänger, die sogenannten *Fulul* oder auch die Militärs würden sich nur dafür interessieren, wie die Ressourcen Ägyptens aufgeteilt werden und wer schlussendlich das größte Stück des Kuchens erhält. Die grundsätzlichen Probleme, über die sich theoretisch alle Lager einig sind, würden nicht angegangen. So gebe es beispielsweise keine nationale Kampagne, um den Analphabetismus oder die Wasserverschmutzung zu bekämpfen bzw. den Zugang zu sauberem Trinkwasser zu gewährleisten. Der junge Arzt versucht davon zu überzeugen, dass es an der hier im Zug vertretenen Generation sei, die Dinge selbst in die Hand zu nehmen, statt sie den Politikern zu überlassen. Jeder könne seinen Teil für die Zukunft Ägyptens beitragen.

Mit nur wenigen Stunden Engagement im Monat könne sehr viel erreicht werden, etwa indem man den Armen Lesen und Schreiben beibringe oder ein Bewusstsein für Umweltschutz schaffe. Nur wenn alle mithelfen, könne der weitere Niedergang des Landes verhindert werden. Nach diesen pessimistischen Aussichten will er vor der Ankunft in Kairo noch etwas Positives sagen. Auch der Zug fahre ja trotz seines katastrophalen Zustandes und mehrstündiger Verspätung irgendwie weiter. Das Gleichnis ist ihm ein bisschen peinlich – er versucht es scherzend aufzulösen: Die große Frage sei nicht, ob sich Ägypten bewegen wird, sondern wo es ankommt.

Für unseren Zug war in dieser Nacht in *Ramses* Endstation. *Ramses*, so wird der Hauptbahnhof Kairos noch immer genannt. Auf dem Vorplatz stand einst eine Statue des am längsten regierenden Pharaos Ägyptens, Ramses II. Der 83 Tonnen schwere Koloss wurde 2006 in einer spektakulären Aktion abgebaut und unweit der Pyramiden von Gizeh wieder aufgestellt, da er durch die Luftverschmutzung und den Verkehr Kairos zu stark beschädigt worden war. Husni Mubarak, oft als moderner Pharao bezeichnet, ist zwar nicht mehr an der Macht – seine Zehntausende, überall im Lande zu sehenden Konterfeis wurden entfernt und werden wohl im Gegensatz zur Ramses-Statue nie wieder aufgestellt. Doch das Erbe seiner jahrzehntelangen Diktatur wird dem Land weiterhin schwer zu schaffen machen, unabhängig davon, wer es regiert. Sein ebenfalls – wohl zu Recht – als pharaonischer Autokrat kritisierter, allerdings demokratisch gewählter Nachfolger Mohammed Mursi hat mit diesem schwierigen Erbe seine eigenen Erfahrungen gemacht und ist vermutlich auch aufgrund dieses katastrophalen Erbes gescheitert. Jedem neuen Machthaber, auch dem gerade so populären General as-Sisi, wird es ähnlich ergehen, wenn er nicht dem Beispiel der jungen Ägypter bei meiner nächtlichen Zugfahrt folgt und echte Dialogbereitschaft und vor allem Konsensbereitschaft zeigt. Und das gegenüber Ägyptern aller politischer Couleur – natürlich alle Muslimbrüder, die Gewalt ablehnen, eingeschlossen. Nur so lassen sich die mannigfaltigen langfristigen Probleme des Krisenlands am Nil wirklich bewältigen. Dies wird ohnehin Jahrzehnte brauchen. Aber auch ganz akute Probleme lassen sich nur lösen, wenn es einen breiten Konsens für sehr schmerzhafte Entscheidungen gibt. Saudi-Arabien und andere Länder am arabischen Golf haben den neuen Machthabern in Ägypten nach dem Sturz der Muslimbrüder Milliarden Euro zur Verfügung gestellt. Die reichen Monarchien fürchten, dass das Beispiel der demokratisch gewählten Muslimbrüder auch in ihren Staaten Schule macht und ihre Herrschaft in Gefahr bringt. Aber auch dieses Geld ist in Ägypten höchstens ein Tropfen auf dem heißen Stein. Um die Wirtschaft wirklich wieder in Gang zu bringen, müssen von allen Ägyptern Opfer gebracht werden: die Reichen endlich wirklich Steuern zahlen und die Armen auf viele subventionierte Güter verzichten. Dies kann nur funktionieren, wenn eine große Mehrheit das Gefühl bekommt, der Staat handle zu ihrem Wohl. Ansonsten sind neue Dauerkonflikte vorprogrammiert – nicht nur politische. Das Wort von der Hungerrevolution macht im Land am Nil die Runde.

Bei meinem letzten Besuch am Ramses-Platz im September 2013 war der sonst so hektische Hauptbahnhof menschenleer. Seit dem Sturz Mursis ist der Zugverkehr in ganz Ägypten eingestellt. Die neuen Machthaber fürchten, dass die Muslimbrüder Demonstranten vom Land in die großen Städte bringen. Kein gutes Omen für ein Land, das gerade am ehesten ein wenig Normalität und Stabilität braucht.

Am Ramses-Platz ist gerade ein trauriges neues Monument oder besser ein Mahnmal entstanden. Auch wenn viele Ägypter es nicht so sehen wollten: die Al-Fath-Moschee – ihr hohes Minarett ist übersät mit großen Einschusslöchern. Extremistische Islamisten hatten von hier aus am 17. August 2013 auf Polizei und Armee geschossen und die Militärs das Feuer mit schweren Maschinengewehren ihrer Panzer erwidert. Am Vortag hatten sich Hunderte von Pro-Mursi-Demonstranten in die Moschee zurückgezogen, weil sie von aufgebrachten

Gegnern der Bruderschaft, zumeist Anwohnern, angegriffen worden waren. Bei diesen Protesten starben allein in Kairo weit über hundert Menschen.

Die Löcher des Minaretts lassen sich leicht übertünchen, die Probleme und die Spaltung Ägyptens hingegen nicht.

Dank und Bedauern

Elf Shukran – tausend Dank. Zunächst an alle, die mich in Ägypten empfangen und so offene Gespräche mit mir geführt haben. Vor allem an all jene, die sich sehr viel Zeit für mich genommen haben, aber aus Zeitgründen leider nicht porträtiert werden konnten. Ich denke vor allem an Sarah und ihre Freunde, die dafür kämpfen, dass das historische Erbe Alexandrias nicht noch weiter zerstört wird. Ich denke aber auch mit Bedauern an die Bevölkerungsgruppen Ägyptens, die ich nicht besuchen konnte, die aber die oft ignorierte Vielfältigkeit des Landes ausmachen: die für die Umbrüche so wichtigen Arbeitergewerkschaften, die Berber in der Oase Siwa oder die Bedscha-Nomaden an der Rotmeerküste im Süden des Landes – um nur eine paar wenige zu nennen.

Mein ganz besonderer Dank gilt meinem alten Bekannten »Hanafi«. Er brachte mich sicher an schwierige Orte wie den Nord-Sinai. Ich bedanke mich ebenfalls herzlich bei Sarah El-Rashidi, die mir viele ihrer Kontakte weitergab. Janneke Stein, der unermüdlichen Erstleserin, Verena Schad für ihre Intuitionen. Ahmed Mansour, der half, das Buch durch seine Illustrationen lebhafter zu gestalten. Stephan Roll für unsere

Unterhaltungen über die ägyptische Politik und Wirtschaft. Wolfram Lacher für unsere Gespräche über die Region und Ullrich Fichtner für die Hilfe bei der Titelfindung. Den sehr freundlichen und geduldigen Mitarbeitern der edition Körber-Stiftung, Bernd Martin und Kerstin Schulz, und natürlich Nora Müller, die aus einer »kurz beim Kaffee diskutierten Idee« ein Buchprojekt machte.

Wie viel mir Adams, Jasmines, Gabriels und Julies Verständnis für das für unsere Familie schwierige Projekt bedeutet, lässt sich nicht in Worte fassen. Vor allem Jasmines ständige Frage »Wie viele Seiten hast du schon geschrieben?« hat mir sehr viel Freude bereitet.

Nicht zu vergessen: Alle Fehler, Fehleinschätzungen und inhaltlichen Lücken in dieser Momentaufnahme sind natürlich allein die meinen.

Zeitleiste – ausgewählte Eckdaten

Altes Ägypten und Antike

Ca. 7000 v. Chr.	Besiedlung des Niltals
3000 v. Chr.	Reichsgründung unter Pharao Menes
525 v. Chr.	Persische Besetzung
332 v. Chr.	Eroberung Ägyptens und Gründung Alexandrias durch Alexander den Großen
330 – 30 v. Chr.	Herrschaft der griechischstämmigen Ptolemäer, die ein politisch unabhängiges Ägypten schaffen. Ausbreitung nach Asien und Nubien
31 v. Chr.	Seeschlacht von Actium. Römischer Sieg über die Truppen der Königin Kleopatra VII. und Marcus Antonius
395 – 642 n. Chr.	Herrschaft von Byzanz, Ägypten wird mehrheitlich christlich. Abspaltung der Kopten von der byzantinischen Reichskirche

Muslimisch-arabische Eroberung

642	Muslimische Araber erobern Ägypten. Der Sieg über die Byzantiner wird von der diskriminierten koptischen Mehrheit zunächst begrüßt
969	Gründung der Stadt Kairo mit ihrem heutigen Namen unter den fatimidischen Kalifen
1169–1249	Herrschaft der Ayyubiden, einer sunnitischen Dynastie kurdischer Herkunft, begründet von Saladin, der über die Kreuzritter siegt
1250–1517	Machtübernahme durch die Mameluken, Nachfahren von Sklaven aus Zentralasien und dem Kaukasus
1517	Eroberung durch osmanische Sultane, wobei Ägypten weitreichende Autonomie behält

Das moderne Ägypten

1798–1801	Napoleon Bonapartes Eroberung Ägyptens löst einen tiefen Schock in der sich überlegen fühlenden islamischen Welt aus
1805	Muhammad Ali Pascha wird Statthalter und Begründer des modernen ägyptischen Staates. Er erobert den Sudan und weite Teil Syriens
1859–1869	Bau des Suezkanals
1863–1879	Ismail Pascha, Alis Enkel, versucht Ägypten weiter zu modernisieren und vor allem zu europäisieren

1882	Besetzung Ägyptens durch britische Truppen
18. Dezember 1914	Ägypten wird britisches Protektorat

Königreich Ägypten

28. Februar 1922	Unabhängigkeit Ägyptens, Fuad I. ernennt sich zum König
1928	Hassan al-Banna gründet die Muslimbruderschaft
1936	Tod Fuads I., Machtübernahme durch seinen Sohn Faruq I.
1945	Ägypten ist Mitbegründer der Arabischen Liga
30. November 1947 – 15. Mai 1948	Erster Arabisch-Israelischer Krieg, Niederlage der arabischen Staaten
1948	Muslimbruderschaft wird verboten
1949	Ermordung Hassan al-Bannas
	Gründung der Freien Offiziere durch Gamal Abdel Nasser

Republik Ägypten

23. Juli 1952	König Faruq I. wird durch einen Militärputsch unter der Führung von Gamal Abdel Nasser und Ali Muhammad Nagib gestürzt
	Verbot der Wafd-Partei und erneutes Verbot der Muslimbruderschaft
18. Juni 1953	Ausrufung der Republik Ägypten, Ali Muhammad Nagib wird erster Präsident

1954	Suez-Abkommen: Abzug der britischen Truppen aus der Suezkanal-Zone
1956	Gamal Abdel Nasser wird Präsident und erklärt den arabischen Sozialismus zur Staatsdoktrin
	Suezkrise: militärische Intervention von Großbritannien, Frankreich und Israel aufgrund der Nationalisierung des Suezkanals. Abzug der Besatzer auf Druck der USA, was einen politischen Triumph für Nasser bedeutet
5.–10. Juni 1956	Sechs-Tage-Krieg: Israel besiegt Ägypten, Jordanien und Syrien und erlangt die Kontrolle über den Sinai, die Golanhöhen, den Gazastreifen, Ost-Jerusalem und das Westjordanland. Die ägyptische Bevölkerung islamisiert sich durch das Trauma der Niederlage weiter
1960–1971	Bau des Assuan-Staudamms, Umsiedlung der Nubier
1970	Tod Gamal Abdel Nassers und Machtübernahme durch Anwar as-Sadat
1973	Jom-Kippur-Krieg: Angriff Israels durch Ägypten und Syrien, der durch einen UN-Waffenstillstand beendet wird
1976	Anwar as-Sadat beendet den Freundschaftsvertrag mit der Sowjetunion. Alle sowjetischen Militärberater verlassen das Land

1978–1979	Camp-David-Abkommen und Friedensschluss mit Israel
1981	Ermordung Anwar as-Sadats durch islamische Extremisten, Machtübernahme durch Husni Mubarak
	Verhaftungswelle gegen Islamisten, erneute Unterdrückung der Muslimbruderschaft
1983	Gründung der Neuen Wafd-Partei
2005	Pro-Reformer und Oppositionsaktivisten der Bewegung *Kifaja* organisieren erste Antiregierungsdemonstrationen
November – Dezember 2005	Parlamentswahlen: Nationaldemokratische Partei gewinnt die Mehrheit der Sitze, Erstarken der Muslimbrüder
6. April 2008	Streik der Arbeiter aus al-Mahalla al-Kubra, in dessen Folge sich die *Jugendbewegung des 6. April* formiert
6. Juni 2010	Der Blogger Khaled Said stirbt bei seiner Verhaftung in Alexandria. Die für die Mobilisierung gegen das Mubarakregime entscheidende Facebook-Gruppe »Khalid Said« wird gegründet
November 2010 – Januar 2011	Bei den Parlamentswahlen erhält die Muslimbruderschaft keinen einzigen Sitz. Alle Oppositionsgruppen kritisieren massiven Wahlbetrug. Es folgen landesweite Proteste

25. Januar – 11. Februar 2011	Anti-Regime-Massenproteste nach tunesischem Vorbild, weitgehende Mobilisierung über Internet und soziale Medien. Mindestens 846 Todesopfer
11. Februar 2011	Mubarak tritt zurück und gibt die Macht an das Militär ab
13. Februar 2011	Der Oberste Rat der Streitkräfte regiert das Land, löst das Parlament auf und setzt die Verfassung außer Kraft
19. März 2011	Erste Abstimmung zur Verfassungsänderung durch eine Kommission des Militärrats
August 2011	Husni Mubarak wird vor Gericht gestellt. Er wird beschuldigt, für die Todesopfer während der Proteste sowie die Veruntreuung von Staatsbesitz verantwortlich zu sein
Januar 2012	Islamisten gewinnen bei den Parlamentswahlen die Mehrheit der Sitze
Februar 2012	Tödliche Fußballkrawalle in Port Said
23. / 24. Mai 2012	Erster Wahlgang der ersten freien Präsidentschaftswahlen
14. Juni 2012	Das Oberste Verfassungsgericht löst das frisch gewählte Parlament auf
16. / 17. Juni 2012	Stichwahl Mohammed Mursi gegen Ahmed Schafik, ehemaliger Offizier und Premierminister unter Mubarak. Mursi gewinnt mit 51,7 Prozent der Stimmen

| Dezember 2012 | Neue, proislamische Verfassung mit höchst umstrittenen präsidentiellen Dekreten wird erarbeitet und durchgesetzt. Sie tritt nach einer Volksabstimmung mit extrem niedriger Beteiligung in Kraft |

Sturz der Muslimbrüder und Staatskrise 2013

28. April 2013	*Tamarod*-Rebellion wird ins Leben gerufen. Ihr Ziel ist die Absetzung Mohammed Mursis durch eine Petition, bei der mindestens 15 Millionen Unterschriften gesammelt werden sollen
30. Juni 2013	Landesweite Großdemonstrationen mit weit über 20 Millionen Menschen auf den Straßen. Die *Tamarod*-Kampagne erzielt über 22 Millionen Unterschriften
1. Juli 2013	Militär stellt Mohammed Mursi ein 48-Stunden-Ultimatum
3. – 6. Juli 2013	Absetzung Mohammed Mursis durch das Militär unter Führung des Verteidigungsministers Abd al-Fattah as-Sisi. Die Verfassung wird außer Kraft gesetzt. Ernennung des Präsidenten des obersten Verfassungsgerichts, Adli Mansur, zum Übergangspräsidenten. Ernennung Mohammed el-Baradeis zum Vizepräsidenten
26. Juli 2013	Pro-Militär-Demonstrationen von Millionen Menschen in ganz Ägypten nach Aufruf von Verteidigungsminister as-Sisi

14. – 19. August 2013	Mindestens 1000 Tote bei Protesten, v. a. Anhänger der Muslimbruderschaft, aber auch der Sicherheitskräfte. El-Baradei tritt aufgrund der gewaltsamen Auflösung der Massenproteste der Muslimbrüder zurück
	Übergriffe auf Kirchen. Massiver Militäreinsatz auf dem Sinai im Namen des »Ägyptischen Kampfes gegen den Terror«
14. August 2013	Ausruf eines einmonatigen Ausnahmezustands mit nächtlicher Ausgangssperre
September 2013	Der Ausnahmezustand wird um zwei Monate verlängert. Eine neue Verfassung wird ausgearbeitet